PEDAGOGIA
diálogo *e* conflito

Dados Internacionais de Catalogação na Publicação (CIP)
(Câmara Brasileira do Livro, SP, Brasil)

Gadotti, Moacir
    Pedagogia : diálogo e conflito / Moacir Gadotti, Paulo Freire, Sérgio Guimarães. – 9. ed. – São Paulo : Cortez, 2015.

    ISBN 978-85-249-2337-1

    1. Educação – Filosofia 2. Pedagogia 3. Prática de ensino 4. Professores – Formação profissionais I. Freire, Paulo, 1921-1997. II. Guimarães, Sérgio, 1951-. III. Título.

15-01859   CDD-370

Índices para catálogo sistemático:

1. Pedagogia : Educação   370

Moacir Gadotti
Paulo Freire
Sérgio Guimarães

PEDAGOGIA
diálogo *e* conflito

9ª edição
2ª reimpressão

PEDAGOGIA: DIÁLOGO E CONFLITO
Moacir Gadotti; Paulo Freire; Sérgio Guimarães

Capa: de Sign Arte Visual
Preparação de originais: Solange Martins
Revisão: Maria de Lourdes de Almeida
Composição: Linea Editora Ltda.
Coordenação editorial: Danilo A. Q. Morales

Direitos para esta edição
CORTEZ EDITORA
Rua Monte Alegre, 1074 – Perdizes
05014-001 – São Paulo – SP
Tel.: (11) 3864-0111   Fax: (11) 3864-4290
E-mail: cortez@cortezeditora.com.br
www.cortezeditora.com.br

Impresso no Brasil – setembro de 2019

A todos os que nos perguntam.

SUMÁRIO ■

Prefácio à 9ª edição: Trinta anos depois 9

Prefácio à 4ª edição: Dez anos depois 21

Aos Leitores 25

Apresentação — Andanças brasileiras 31

CAPÍTULO I   O político-pedagógico 43

CAPÍTULO II   Educar: saber, participar e comprometer-se 67

CAPÍTULO III   Educar e reinventar o poder 89

CAPÍTULO IV   Educação e democracia 119

CAPÍTULO V   Educar: ler, escrever e contar + ouvir, falar
e gritar 145

Referências 163

Prefácio à 9ª edição ■

Trinta anos depois

Lá se vão três décadas. Depois de um longo período de regime autoritário, iniciado por um golpe civil-militar contra a classe trabalhadora e também contra a Educação Popular — o Programa Nacional de Alfabetização de Paulo Freire foi extinto dia 14 de abril de 1964, um dia antes da posse do marechal golpista Humberto de Alencar Castelo Branco —, Paulo Freire estava de volta ao Brasil, depois de 16 anos de exílio, e queria retomar o sonho interrompido em 1964.

Lançamos este livro na PUC de São Paulo, em 1985, doando os direitos autorais para a reconstrução do TUCA, que havia sido incendiado no ano anterior. O TUCA é um desses símbolos vivos da resistência à ditadura militar que convém sempre lembrar. Foi nesse contexto de esperança e de retomada da luta que escrevemos este livro.

Em 1985, na apresentação desta publicação, dizíamos que os estudos sobre a educação no Brasil eram marcados, a partir da década de 1960, por seu caráter tecnicista e formal. As alternativas pedagógicas distanciadas desse modelo eram, frequentemente, chamadas de "orientações enviesadas", que precisavam de "correções" em função de um paradigma científico geral cujas dimensões eram muito pouco evidenciadas. A chamada pesquisa participante ou pesquisa-ação veio romper com este círculo fechado, estabelecendo novos critérios de validade para a pesquisa em ciências humanas. Como afirma Oscar Jara, amigo pessoal de Paulo Freire, em seu livro *Concepção dialética da educação popular* (São Paulo: CEPIS, 1985, p. 4):

> a crítica ao positivismo e funcionalismo, característicos da pesquisa clássica, vem se transformando numa busca de novos enfoques que permitam converter a pesquisa numa arma para a ação social e a transformação da realidade. De uma preocupação inicial com os métodos e técnicas participantes, foi-se passando a uma concepção de pesquisa participante como opção metodológica e ideológica, que sirva de enfoque estratégico para a ação popular.

Entendíamos que nosso livro era uma espécie de "iniciação aos estudos pedagógicos", pois procuramos tratar os principais temas da educação brasileira, colocando em prática uma teoria do conhecimento que tinha, e ainda tem, como dimensão principal a natureza dialógica da produção do saber, valorizando um método de pesquisa que costuma ser banalizado pela escolástica academicista.

A experiência de Paulo Freire nessa metodologia de "livros dialogados" já era conhecida há algum tempo. No Brasil, o primeiro trabalho publicado, em coautoria com Sérgio Guimarães, foi *Sobre educação*, em dois volumes (1982 e 1984), e o segundo foi *Por uma pedagogia da pergunta* (1985), em parceria com um educador popular chileno, Antonio Faundez. Veio, depois, com Frei Betto, o livro *Essa escola chamada vida* (1985). À semelhança do nosso, respondendo também a perguntas que todos se fazem, Paulo Freire e Ira Shor, professor da New York University, estavam terminando outro trabalho que seria publicado em 1987 com o título *Medo e ousadia: o cotidiano do professor*.

Tínhamos certeza de que não era possível separar *teoria* e *método*. Na concepção positivista, bastava ter rigor metodológico para atribuir à pesquisa caráter de cientificidade, não se colocando a questão da validade ou da relevância do objeto pesquisado. Assim, o método absorvia a teoria. Numa perspectiva dialética, existe identidade e, ao mesmo tempo, distinção entre teoria e método, entre o método das ciências humanas e o método das ciências naturais. Como diz Löwy,

> as visões do mundo das classes sociais condicionam não somente a última etapa da pesquisa científica social, a interpretação dos fatos, a formulação das teorias, mas a escolha mesma do objeto de estudo, a definição do que é essencial e do que é acessório, as questões que colocamos à realidade, numa palavra, a problemática da pesquisa (1978, p. 17).

A perspectiva positivista não leva em conta a ótica de classe nem o fato de que, nas ciências humanas e na educação (principalmente), o próprio pesquisador faz parte da realidade pesquisada.

A questão da validade e do rigor metodológico no contexto do estudo e da pesquisa participante, emancipatória, coloca-se de forma diferente e antagônica em relação à ótica positivista, porque o método e a teoria são indissociáveis. Marx atribui à ciência e à pesquisa um papel emancipatório, "crítico e revolucionário", como afirma no Posfácio da 2ª edição de *O capital*. Toda pesquisa em educação, incapaz de comprometer-se com esse princípio emancipatório, ocultando-se atrás do chamado rigor metodológico, é necessariamente uma pesquisa conservadora, voltada para a preservação do *status quo*. Como o evidenciou exaustivamente Jürgen Habermas, nas sociedades engajadas no processo de racionalização (modernização), a pesquisa científica é utilizada como instrumento de legitimação da dominação: a dominação é justificada "cientificamente". Daí conclui ele que, do ponto de vista marxista, os modelos emergentes de pesquisa são superiores aos modelos tradicionais. Os modelos emergentes de pesquisa já não representam o ponto de vista de uma classe determinada para o exercício de sua futura dominação sobre outra classe, mas o ponto de vista de uma classe cuja histórica missão é superar essa dominação.

Mais do que nos perguntar sobre o método científico em geral, precisamos descobrir os possíveis métodos científicos condicionados pela especificidade dos múltiplos objetos de pesquisa, tanto no interior das ciências humanas como no interior das ciências naturais. Não se trata de isolar cada objeto de conhecimento, aprisionado pelo seu método. A exigência de um procedimento interdisciplinar é indispensável para evitar tanto o *sectarismo* — que compra apenas um "rótulo", a crítica pronta, e em função deste rótulo descarta contribuições importantes — quanto o *ecletismo*, que procura justapor o "que há de bom" em cada método.

Uma verdadeira "vigilância epistemológica", na expressão de Bachelard, consiste em não aceitar como prontos os procedimentos metodológicos, mas em reelaborá-los historicamente em cada contexto. Não transplantá-los mecanicamente. A história de um método (caminho) só poder ser "contada" ao finalizar a pesquisa. A direção tomada inicialmente é sempre provisória.

Em 1985, embora de forma nem sempre explícita, procuramos nos situar em face das principais correntes e tendências das concepções educacionais daquela época. Esse debate foi travado, inicialmente, entre nós, evidenciando nossas convergências e divergências, para se estender às concepções pedagógicas tradicionais, liberais e neoliberais. Uma das questões centrais desse debate foi o chamado "conteudismo", que desconsidera a importância da conscientização na transformação social. Ao contrário desta visão da educação, parecia-nos mais adequada a visão de Wilhelm Reich em seu livro *O que é consciência de classe?* (Porto: Ed. H. A. Carneiro, 1934, p. 12), que "a aquisição da consciência de classe pelas camadas oprimidas da população é a primeira condição para uma transformação revolucionária do sistema social em vigor". O conteúdo decisivo que marca a diferença entre uma pedagogia revolucionária e uma pedagogia burguesa, conservadora, é a consciência de classe que se forma nas práticas de classe que têm lugar no interior da sociedade burguesa.

Foi na linha da explicitação de questões como essa, debatidas de forma viva e envolvente, que pretendíamos dar uma contribuição ao/à jovem educador/a brasileiro/a, mostrando um caminho, depois de muitas andanças, recolhendo uma experiência aqui e outra ali, aprendendo aqui e ali. Procuramos sintetizar neste livro o que tínhamos aprendido nessa andarilhagem, socializando uma experiência vivida, desafiando o leitor, a leitora, a prosseguir na caminhada, coletivamente.

Dez anos depois, em 1995, num novo prefácio, eu e Paulo nos reunimos para contar um pouco da trajetória deste livro. Dizíamos que ele fora o resultado de muitas andanças como educadores-educandos de um país em meio a um processo de conquista de seus direitos políticos, no qual a educação tinha um peso particular. Por onde passávamos, ouvíamos perguntas, anúncios, denúncias e éramos chamados a nos posicionar. Foram essas perguntas que orientaram os diálogos que estão neste livro. Nós as organizamos e sistematizamos nossas reflexões e posicionamentos. As respostas brotaram do debate, da experiência vivida em sala de aula, do movimento social dos educadores e de numerosas pessoas e organizações que estavam envolvidas na reconstrução do país, lutando por eleições diretas e por uma constituinte livre e democrática.

Infelizmente, dois anos depois, em 1997, nosso querido amigo Paulo Freire partiu, deixando imensa saudade. Seu legado de luta e de esperança foi sendo continuado e reinventado, até hoje, por muitos e muitas que não consideram seus "discípulos" como seguidores de ideias, mas seus companheiros de caminhada pelos mesmos sonhos e utopias, pela mesma causa, pelas mesmas lutas.

Paulo Freire deixou, como *legado*, uma filosofia política e educacional e um método de investigação e de pesquisa ancorados numa antropologia e numa teoria do conhecimento, imprescindíveis não só para a formação crítica do educador, mas, igualmente, para a formação de profissionais de outras áreas. Sua filosofia educacional cruzou as fronteiras das disciplinas, das ciências e das artes, para além da América Latina, criando raízes nos mais variados solos. Ele analisou, como poucos, a importância das políticas educacionais, criticando a educação bancária, e propondo novos instrumentos técnico-metodológicos que estabeleceram os princípios fundantes qualitativos de procedimentos pedagógicos e de pesquisa científica na área de educação, potencializando a criação de novas epistemologias e de novas filosofias políticas da educação.

No novo prefácio, mostramos um pouco mais do que pretendíamos, colocando em debate a relação entre "diálogo e conflito" na pedagogia crítica. Não se tratava de um novo rótulo. Para além da pseudoneutralidade da pedagogia tradicional e da astúcia da pedagogia liberal e neoliberal, buscávamos mostrar como *diálogo* e *conflito* se articulam como estratégia do oprimido. Sustentamos que o diálogo se dá entre iguais e diferentes, nunca entre antagônicos. Entre estes, no máximo, pode haver um pacto.

Os desafios educacionais em torno dos quais giravam as perguntas que nos eram feitas no final de nossas palestras, frequentemente, eram sobre opções político-pedagógicas contraditórias: assumir a instituição escolar tal como ela se estruturou desde as revoluções burguesas e ensinar a ler, escrever e contar ou assumir a escola na perspectiva das classes dominadas e ensinar a ler, escrever, contar, ouvir, falar, gritar, organizar-se.

Dois anos após o lançamento da primeira edição, em 1987, apareceu a tradução argentina desta obra, pela Editora Cinco, de Buenos Aires. Aos três autores juntou-se a educadora Isabel Hernandez — também uma andarilha da Educação Popular —, analisando as mesmas inquietações dos brasileiros no contexto argentino. Paulo Freire havia prefaciado o livro de Isabel Hernandez *Educação e sociedade indígena: uma aplicação bilíngue do método Paulo Freire*, publicado pela Cortez Editora em 1981.

Isabel Hernandez acentuou o caráter interdisciplinar do livro e a importância da pedagogia dialógico-dialética. Há algum tempo vem se falando em "perspectivas argentino-brasileiras da Educação Popular", dizia ela, dada a grande identificação de temas e problemas educacionais dos dois países. Costumava-se dizer que "a Argentina é o Brasil amanhã" e às vezes é o contrário. Para o bem e para o mal, o nosso destino é comum. Isabel Hernandez procurou mostrar que os colegas brasileiros não estavam respondendo apenas a uma situação particular do Brasil. Apontavam para algo mais amplo, para a utopia, para a capacidade de sonhar e de lutar pelo sonho que deve animar o educador popular em todos os lugares onde atua.

Em 1995, dez anos depois, o livro foi traduzido para o italiano com a participação dos educadores Bartolomeo Bellonova e Fausto Telleri. Mais dois se juntavam ao diálogo, demonstrando que a obra de Paulo Freire era lida e estava presente na teoria e na prática da educação também em outros países, como na Itália, desde a década de 1970. Na apresentação do livro, Bartolomeo Bellanova, professor da Universidade de Bolonha, afirmou que, na Itália, os princípios freirianos, realizados e realizáveis, são parte integrante das ciências da educação, das ciências sociais, das ciências humanas e das ciências políticas. O futuro é "realizável" por meio do "pessimismo da inteligência e o otimismo da vontade", como sustenta Antonio Gramsci.

Esta vigência do legado freiriano na Itália é atestada pelos educadores Silvia Manfredi e o educador Piergiorgio Reggio, que coordenam o Instituto Paulo Freire Itália, no prefácio da edição italiana da *Pedagogia do oprimido* — publicada pelo Gruppo Abele de Turim, em 2003 — quando nos falam de um "renovado interesse" pela obra de Paulo Freire, na Itália, nos últimos anos. Uma das provas desse interesse foi a realização em setembro de 2014 do *IX Encontro Internacional* do Fórum Paulo Freire.

Mais um educador juntou-se a este livro dialogado quando foi editado e publicado em catalão pelo nosso companheiro e diretor do Instituto Paulo Freire Espanha, Pep Aparicio Guadas (Valência, Centre de Recursos i Educació Contínua, 2001). Trata-se do professor da Universidade de Sevilha, Emilio Lucio-Vilegas Ramos. No prefácio da edição catalã, ele discorre sobre o origem desta metodologia na escrita do livro, afirmando que é muito desafiadora desde o seu ponto de partida. Para ele, mais do que "responder" a perguntas, os autores "conversam" sobre elas. Daí a presença da oralidade no texto escrito. Ele destaca a crítica ao pensamento único, ao neoliberalismo, que negam o sonho e a utopia. Como os demais autores estrangeiros que se associaram ao livro na Argentina e na Itália, Emilio Lucio-Vilegas Ramos contextualiza o livro na realidade particular da Andaluzia enfocando o tratamento dado à educação de pessoas adultas, segundo ele, relegando-a "ao silêncio". Para ele, o livro *Pedagogia: diálogo e conflito*, como todo livro, é uma viagem, "um convite para pensar fora dos muros do pensamento uniformizador e silenciador das consciências".

De nossa parte, aqui no Brasil, tínhamos tido a grande oportunidade de enfrentar um novo e fascinante desafio na administração da Secretaria Municipal de Educação de São Paulo (1989-1991), do qual tiramos muitas lições, entre elas a de que construir uma escola pública com uma cara mais alegre, fraterna e democrática e, ao mesmo tempo, séria e competente, é difícil, mas é possível. É um processo a longo prazo. Aprendemos ainda que não existe um modelo único capaz de tornar exitosa a ação educativa da escola. Cada escola é fruto de um processo complexo de desenvolvimento de suas próprias contradições. Daí insistirmos mais hoje sobre a *autonomia* da escola como estratégia para a melhoria da sua qualidade. O último livro de Paulo Freire, publicado em 1997, com o título *Pedagogia da autonomia: saberes necessários à prática pedagógica*, reflete muito a experiência de Paulo Freire frente ao desafio de implementar uma política pública de Educação Popular no município de São Paulo.

Dizíamos, dez anos depois, que o livro continuava atual. Estávamos vivendo um tempo de crise da utopia. Afirmá-la novamente constitui-se num ato pedagógico essencial na construção da educação do futuro. Um ponto discutido no livro continuava sendo de grande atualidade: é a sedução cada vez maior que exerce o *projeto neoliberal*. Há os que acreditam que o socialismo morreu, que a utopia morreu, que a luta de classes desapareceu. Mas não foi bem o socialismo que morreu. O que foi derrotada foi uma certa moldura de socialismo: a moldura autoritária. E isso é um avanço em direção à construção do socialismo democrático. Não é uma derrota. A moldura democrática deverá ser preservada e fortalecida num socialismo construído com liberdade, o único que interessa a uma pedagogia do oprimido. Pensar o socialismo do século XXI é pensar na radicalização da democracia e dos direitos humanos.

Os neoliberais sustentam que a ideologia acabou, que nada mais é ideológico. Eles tentam nos convencer a abandonar o conflito, a luta e a nos entregarmos ao fatalismo. Querem nos roubar o sonho, mas não caímos nesse engodo. A história continua. Esse discurso nos obriga a compreender o neoliberalismo melhor em suas múltiplas manifestações e a atualizar nossas formas de manter vivas a utopia e a luta. Nós dizíamos que uma educação não autoritária deveria respeitar o aluno. Hoje temos mais clareza desse princípio quando as teorias da educação intertranscultural enfatizam ainda mais a necessidade de os educadores e as educadoras atentarem para as diferenças de gênero, etnia, orientação afetivo-sexual, de classe etc. Dizíamos que o respeito à diferença era uma ideia muito cara à Educação Popular. Hoje percebemos com mais clareza ainda que a diferença não deve apenas ser respeitada. Ela deve ser valorizada e criadas as condições para as convivências intertransculturais como a grande riqueza da humanidade, base de uma filosofia de diálogo.

Hoje, como ontem, um dos grandes desafios da educação brasileira é justamente reverter heranças de uma concepção/realização da educação predominantemente autoritária e mercantil. É a esfera pública perdendo a hegemonia do projeto educacional para a esfera privada, para o mercado. Empresas e fundações empresariais têm se organizado, trabalhado em conjunto, para imporem políticas de educação instrucionistas a governos que não têm projetos educacionais: são políticas que não se baseiam em princípios e valores democráticos e muito menos emancipadores. A sua referência é o mercado, não a cidadania.

Parece que a teoria do capital ressurge com força nesses projetos. Ela oferece, ardilosamente, o sonho de todos poderem ser capitalistas, via educação. A teoria do capital humano traduz muito bem essa ideologia quando sustenta que para se tornar rico basta estudar: estude, arrume um emprego e se torne rico! É assim que a educação tem contribuído para a reprodução das desigualdades.

Uma das principais teses defendidas por Paulo Freire em seu livro mais conhecido, *Pedagogia do oprimido*, poderia ter o seguinte enunciado: "quando a educação não é transformadora, o sonho do oprimido é ser o opressor". A educação capitalista, "bancária", não forma para emancipar e, sim, para domesticar: o domesticado, recebendo esta educação, busca tornar-se domesticador, condicionado pela sua situação vivida. Mesmo porque, como diz Paulo Freire, o oprimido pode "hospedar" o opressor dentro dele. Para os oprimidos, diz ele, "o ideal é, realmente, ser homens, mas, para eles, ser homens, na contradição em que sempre estiveram e cuja superação não lhes está clara, é ser opressores" (página 33 da primeira edição). O oprimido acaba adquirindo os valores do opressor, desejando ser como ele. Ao sonhar ser como o opressor e não conseguindo, o oprimido passa a se envergonhar de sua situação, considerando-se incompetente e incapaz. Para superar a relação de oprimido-opressor, o oprimido precisa de uma educação transformadora, emancipadora, uma educação cidadã.

Contra a reprodução das desigualdades, Paulo Freire aponta para a necessidade de lutarmos por uma educação emancipadora. A educação pode tornar-se um instrumento de transformação social. Contra a educação capitalista, bancária, neoliberal, ele defende a educação emancipadora, a qual ele chamava de educação transformadora.

Temos que ter a coragem de discutir e realizar um *projeto educacional* antagônico ao projeto neoliberal vigente, opondo-nos à hegemonia do pensamento educacional mercantil no seio das escolas públicas, como fez Paulo Freire durante toda a sua vida. Não basta incluir, é preciso emancipar.

Para isso, precisamos colocar insistentemente a questão dos fins da educação: que educação precisamos para construir o país que queremos? Infelizmente não se fala de política na escola. Mas nem por isso se deixa de fazer política na escola. Um projeto educacional que nega a política faz política. A pior política: a dos opressores. Retirar a política da educação é retirar dela os sonhos, as utopias, a transformação social.

Por que discutir política na escola? Para formar crianças, jovens e adultos para a democracia, para a cidadania, para os Direitos Humanos, para que defendam, acima de seus interesses individualistas, o interesse público, o interesse dos mais injustiçados, mostrando que é possível, urgente e necessário mudar a ordem das coisas, educando para formar seres humanos que sejam sujeitos da história, que entendem que o "mundo não é; o mundo está sendo" (Paulo Freire) e sejam capazes de construir outros mundos possíveis.

Enfim, não pode estar superada uma pedagogia do oprimido enquanto existirem oprimidos. Não pode estar superada a luta de classes enquanto existirem privilégios de classe.

Algumas coisas mudaram, sim. Algumas para melhor, e outras para pior. Os convites e as andanças continuam. As perguntas, às vezes, também continuam as mesmas. Há uma enorme vontade de saber e de aprender dos/as jovens educadores/as de hoje e o desejo de enfrentar coletivamente a luta pela libertação que continua tarefa permanente. Dedicamos há trinta anos este livro "a todos que nos perguntam". Trinta anos depois, dedicamos esta nova edição a todos os que continuam perguntando. Como dizem os zapatistas, é perguntando que se encontra o caminho.

Moacir Gadotti
7 de janeiro de 2015

Prefácio à 4ª edição ◼

Dez anos depois

Há dez anos estávamos fazendo muitas andanças como educadores-educandos de um país em meio a um processo de conquista de seus direitos políticos, no qual a educação teve um peso particular. Por onde passávamos ouvíamos perguntas, anúncios, denúncias e éramos chamados a nos posicionar.

Recolhemos muitas dessas perguntas e tomamos posição, respondendo-as neste livro ao qual se associou nosso colega e amigo Sérgio Guimarães, que não assina este novo prefácio porque está longe, na República do Haiti, depois de haver passado alguns anos em terras africanas. Sérgio também é um desses andarilhos, como nós, dos mesmos sonhos. Respondemos dialogando a partir da leitura das perguntas que muitos nos faziam. As respostas brotaram do debate, da experiência vivida em sala de aula, do movimento social dos educadores e de numerosas pessoas e organizações que estavam envolvidas na reconstrução do país, lutando por eleições diretas e por uma Constituinte livre e democrática.

Esgotado há meses, agora a Cortez Editora nos pede para "rever e atualizar" o livro. E achamos que a melhor forma é conversar novamente com o leitor através de um novo Prefácio, dez anos depois, contando um pouco de sua trajetória e da atualidade dos temas tratados.

Lançamos o livro na PUC de São Paulo, em 1985, doando os direitos autorais para a reconstrução do TUCA, que havia sido incendiado no ano anterior. O TUCA é um desses símbolos vivos da resistência à ditadura militar que convém sempre lembrar.

Por que "diálogo e conflito"?

Demos esse título porque, para além da pseudoneutralidade da pedagogia tradicional e da astúcia da pedagogia liberal, buscá-vamos mostrar como o diálogo e o conflito se articulam como estratégia do oprimido. Sustentamos que o diálogo se dá entre iguais e diferentes, nunca entre antagônicos. Entre esses, no máximo pode haver um pacto. Entre esses há é o conflito, de natureza contrária ao conflito existente entre iguais e diferentes.

Os desafios educacionais que as perguntas nos revelaram giravam em torno de opções político-pedagógicas contraditórias: assumir a instituição escolar tal como ela se estruturou desde as revoluções burguesas e ensinar a ler, escrever e contar ou assumir a escola na perspectiva das classes dominadas e ensinar a ler, escrever, contar, ouvir, falar e gritar.

Dois anos mais tarde, aparece a tradução argentina, pela Editora Cinco, de Buenos Aires. Aos três autores juntou-se a educadora Isabel Hernandez — também uma andarilha da educação popular — analisando as mesmas inquietações dos brasileiros dentro da perspectiva da Argentina. O livro já está sendo traduzido em italiano com a participação do educador Bartolomeo Bellonova.

Isabel Hernandez acentuou o caráter interdisciplinar do livro e de uma pedagogia dialógica. Há algum tempo vem se falando em "perspectivas argentino-brasileiras da educação popular", dada a grande identificação de temas e problemas educacionais dos dois países, embora a realidade política e econômica dos dois países esteja sempre em mudança e o que pode ser idêntico hoje, amanhã pode ser diferente e até antagônico. Costuma-se dizer que "a Argentina é o Brasil amanhã" e às vezes é o contrário. Isabel Hernandez procurou mostrar que os colegas brasileiros não estavam respondendo apenas a uma situação particular do Brasil. Apontavam para a utopia, para a capacidade de sonhar e de lutar pelo sonho que deve animar o educador popular em todos os lugares onde atua.

De nossa parte, nesses últimos anos tivemos também a oportunidade de enfrentar um novo e fascinante desafio na administração da Secretaria Municipal de Educação de São Paulo (1989-1991), do qual tiramos muitas lições, entre elas a de que construir a escola pública com uma cara mais alegre, fraterna e democrática e, ao mesmo tempo, séria e competente, é difícil, mas é possível. É um processo a longo prazo. Aprendemos ainda que não existe um modelo único capaz de tornar exitosa a ação educativa da escola. Cada escola é fruto de suas próprias contradições. Daí insistirmos mais hoje sobre a autonomia da escola como estratégia para a melhoria da sua qualidade.

Acreditamos que o livro continua atual. Estamos vivendo um tempo de crise da utopia. Afirmá-la novamente se constitui num ato pedagógico essencial na construção da educação do futuro. Um ponto discutido no livro continua sendo de grande atualidade: é a sedução cada vez maior que exerce o projeto neoliberal. Há os que acreditam que o socialismo morreu, que a utopia morreu, que a luta de classes desapareceu. Mas não foi bem o socialismo que morreu e triunfou o capitalismo. O que foi derrotada foi uma certa moldura de socialismo: a moldura autoritária. E isso é um avanço em direção à construção do socialismo democrático. Não é uma derrota. A democracia tem sido uma boa moldura também para certas realizações concretas do capitalismo. Não podemos negá-lo. Não negamos, tampouco, que os socialistas não souberam tirar proveito da democracia na mesma medida. A moldura democrática deverá ser preservada e fortalecida num socialismo construído com liberdade, o único que interessa a uma pedagogia do oprimido.

Os neoliberais sustentam também que a ideologia acabou, que nada mais é ideológico. Esse discurso não torna velhos os nossos sonhos de liberdade e não deixa de ser menos justa a luta contra o autoritarismo. Isso apenas nos obriga a compreendê-lo melhor em suas múltiplas manifestações. Nós dizíamos que uma educação não autoritária deveria respeitar o aluno. Hoje temos mais clareza desse princípio quando as teorias da educação multicultural enfatizam ainda mais a necessidade dos educadores atentarem para as diferenças de cor, classe, raça, sexo etc. Dizíamos que o respeito à diferença era uma ideia muito cara à educação popular. Hoje percebemos com mais clareza que a diferença não deve apenas ser respeitada. Ela é a riqueza da humanidade, base de uma filosofia do diálogo.

Enfim, não pode estar superada uma pedagogia do oprimido enquanto existirem oprimidos. Não pode estar superada a luta de classes enquanto existirem privilégios de classe.

Algumas coisas mudaram, sim. Algumas para melhor e outras para pior. Os convites e as andanças continuam. As perguntas, às vezes, também continuam as mesmas. Há uma enorme vontade de saber e de aprender dos jovens educadores de hoje e desejo de enfrentar coletivamente a luta pela libertação que continua tarefa permanente. Dedicamos há dez anos o livro "a todos os que nos perguntam". Dez anos depois dedicamos esse livro a todos os que ao perguntar, buscam, com esperança, unir denúncia e anúncio na construção da educação do futuro.

Paulo Freire e *Moacir Gadotti*
São Paulo, 1º de junho de 1994

Aos Leitores

Os estudos sobre a educação foram marcados, em particular a partir da década de 1960, por um *caráter tecnicista* e *formal*. As novas formas de estudo e pesquisa educacional distanciadas dos modelos positivistas (entre eles, o funcionalismo, o sistemismo, o empirismo e o estruturalismo) eram frequentemente chamadas de "orientações viesadas", que precisavam de "correções" em função de um paradigma científico geral cujas dimensões eram muito pouco evidenciadas.

A chamada *pesquisa participante* ou "pesquisa-ação" (Thiollent, 1985) veio romper com este círculo fechado, estabelecendo novos *critérios de validade* para a pesquisa em ciências humanas.

Hoje, o rompimento com os paradigmas positivistas está cada vez mais claro. Esses paradigmas, de certa forma, já esgotaram suas possibilidades.

Por outro lado, os novos paradigmas ainda estão em elaboração. Entretanto, hoje existe suficiente consistência teórica nas formas alternativas de estudar, pesquisar, ensinar e aprender para dar tranquilidade a todos aqueles que se "aventuram" nessa direção.

Como diz Jara, "a crítica ao positivismo e funcionalismo característicos da pesquisa clássica, vem se transformando numa busca de novos enfoques que permitam converter a pesquisa numa arma para a ação social e a transformação da realidade. De uma preocupação inicial com os métodos e técnicas participantes, foi-se passando a uma concepção da pesquisa participante como opção metodológica e ideológica, que sirva de enfoque estratégico para a ação popular" (1985, p. 4).

Neste pequeno livro, que pretendemos seja uma *iniciação aos estudos pedagógicos*, procuramos tratar os principais temas da educação brasileira contemporânea de forma dialógico-dialética, colocando em prática uma *teoria do conhecimento* que tem como dimensão principal a *natureza dialógica da produção do saber*, valorizando um método de pesquisa que costuma ser banalizado pela escolástica academicista.

A experiência de Paulo Freire nessa metodologia já vem de algum tempo. No Brasil, o primeiro trabalho publicado, em coautoria com Sérgio Guimarães, é o *Sobre educação*, já com dois volumes (1982-84). Um outro livro dialogado: *Por uma pedagogia da pergunta* (1985), em parceria com um intelectual chileno trabalhando atualmente em Genebra, Antonio Faundez. O livro *Essa escola chamada vida* (1985), com Frei Betto, segue o mesmo paradigma metodológico.

À semelhança do nosso, respondendo também a perguntas que todos se fazem, nos Estados Unidos, Paulo Freire e Ira Shor, professor da New York City University, estão terminando outro trabalho que ainda não tem título.

Temos certeza de que não é possível separar *teoria* e *método*. Na concepção positivista basta ter rigor metodológico para atribuir à pesquisa um caráter de cientificidade, não se colocando aqui a questão da validade ou da relevância do objeto pesquisado: *o método absorve a teoria*.

O Positivismo soube transpor para as ciências humanas e para a educação o método das ciências naturais.

Numa perspectiva dialética existe uma identidade e uma distinção entre teoria e método, entre o método das ciências humanas e o método das ciências naturais. Como diz Löwy, "as visões do mundo das classes sociais condicionam não somente a última etapa da pesquisa científica social, a interpretação dos fatos, a formulação das teorias, mas a escolha mesma do objeto de estudo, a definição do que é essencial e do que é acessório, as questões que colocamos à realidade, numa palavra, a problemática da pesquisa" (1978, p. 17). A perspectiva positivista não leva em conta a *ótica de classe* nem o fato de que nas ciências humanas e na educação (principalmente) o próprio pesquisador faz parte da realidade pesquisada.

A *questão da validade* e do *rigor metodológico* no contexto do estudo e da pesquisa participante, emancipatória, coloca-se de forma diferente e antagônica em relação à ótica positivista, porque o método e a teoria são indissociáveis. Para os positivistas os fatos sociais são considerados como coisas. É conhecida a afirmação de Augusto Comte, em seu *Curso de filosofia positiva*, de que o positivismo tende a "consolidar a ordem pública, pelo desenvolvimento de uma sábia resignação".

Ao contrário, Marx atribui à ciência e à pesquisa um papel emancipatório, "crítico e revolucionário", como afirma no Posfácio da 2ª edição de *O capital*. Toda pesquisa em educação, incapaz de comprometer-se com esse princípio emancipatório, ocultando-se atrás do chamado "rigor metodológico", é necessariamente uma pesquisa conservadora. Como o evidenciou exaustivamente Jürgen Habermas, a ideologia (mistificação) da pesquisa em ciências humanas é a redução de todos os interesses ao das ciências naturais, que é o interesse instrumental. Nas sociedades engajadas no processo de racionalização (modernização), a pesquisa científica é utilizada como instrumento de legitimação da dominação: a dominação é justificada "cientificamente". Daí concluir ele que, do ponto de vista marxista, os *modelos emergentes de pesquisa* são superiores aos modelos tradicionais. Os modelos emergentes de pesquisa já não representam o ponto de vista de uma classe determinada para o exercício de sua futura dominação sobre outra classe, mas o ponto de vista de uma classe cuja histórica missão é superar essa dominação.

Mais do que nos perguntar sobre o método científico (como pretendem os positivistas), precisamos descobrir os possíveis métodos científicos condicionados pela especificidade dos múltiplos objetos de pesquisa tanto no interior das ciências humanas como no interior das ciências naturais. Não se trata de isolar cada objeto de conhecimento, aprisionado pelo seu método. A exigência de um procedimento *interdisciplinar* é indispensável para evitar tanto o *sectarismo*, que compra apenas o "rótulo", a crítica pronta e em função deste rótulo descarta contribuições importantes, quanto o *ecletismo*, que procura justapor o "que há de bom" em cada método.

Uma verdadeira "vigilância epistemológica", na expressão de Bachelard, consiste em não aceitar como prontos os "procedimentos metodológicos", mas em reelaborá-los historicamente em cada contexto. Não transplantá-los mecanicamente. A história de um método (= caminho) só pode ser "contada" ao finalizar a pesquisa. A direção tomada inicialmente é sempre provisória.

Nossa tentativa, neste pequeno livro, não pretende ir além de uma pequena contribuição, de um lado, na busca de *alternativas metodológicas*, e, de outro, na busca de respostas a perguntas que todos os educadores se fazem ao conduzirem sua ação político-pedagógica em uma direção emancipadora.

Embora de forma nem sempre explícita, procuramos nos situar face às principais correntes e tendências das *concepções atuais de educação*.

Esse debate trava-se inicialmente entre os próprios autores, evidenciando suas convergências e divergências, para se estender às concepções pedagógicas tradicionais ou liberais.

Evitando o debate das questões ideológicas da Pedagogia, tanto os pensadores tradicionais quanto os liberais procuram centrar suas análises nos chamados "conteúdos" do "saber sistematizado". Entretanto, para aquele educador que reconhece a contradição fundamental da sociedade capitalista, não pode haver outra possibilidade senão a de colocar a sua ação educativa a serviço da superação dessa contradição. Assim como os pedagogos burgueses procuram manter seus educandos afastados das lutas sociais, os pedagogos que não escondem o caráter de classe de sua ação educativa tomam partido, desmistificando o caráter de classe da pedagogia burguesa e propondo o engajamento dos educadores-educandos na efetiva transformação dessa sociedade. Como já dizia Wilhelm Reich em 1934 (p. 12), "a aquisição da consciência de classe pelas camadas oprimidas da população é a primeira condição para uma transformação revolucionária do sistema social em vigor".

Ao contrário do que pensam os liberais, conservadores ou progressistas, o conteúdo decisivo que marca a diferença entre uma *pedagogia revolucionária* e uma *pedagogia burguesa*, conservadora, é a consciência de classe que se forma nas práticas de classe que têm lugar no interior da sociedade burguesa.

É na linha da explicitação destas questões, debatidas de forma viva e envolvente, que pretendemos dar uma contribuição ao jovem educador brasileiro de hoje, mostrando um caminho, depois de muitas *andanças*, recolhendo uma experiência aqui e outra ali, aprendendo aqui e ali. Procuramos sintetizar aqui o que aprendemos nessa andarilhagem, socializando uma experiência vivida, desafiando o leitor a prosseguir na caminhada, coletivamente.

Moacir Gadotti
São Paulo, junho de 1985

Manifestação pelas eleições diretas para presidente, em Belo Horizonte.

"[...] essa prática política, essa presença de uma voz, a voz de um povo que luta contra o silêncio a ele imposto em todos esses anos de regime discricionário, autoritário, não terá sido também um momento extraordinário de pedagogia no dinamismo, na intimidade de um processo político? É lógico que não foi uma educação sistematizada, com uma pauta preestabelecida para discutir a luta de classes..."

APRESENTAÇÃO ■

Andanças brasileiras

SÉRGIO — Por onde começar? Podemos começar, por exemplo, nos perguntando por que estamos aqui, em Itanhaém (SP), num sábado bonito, ensolarado, sentados em torno de uma mesa.

PAULO — É uma boa ideia. A razão pela qual estamos aqui hoje foi colocada como possibilidade, creio, há um tempo atrás, há dois anos ou um pouco mais, quando Gadotti e eu conversávamos um dia sobre as *andanças* dele e as minhas. Eu já estava há um ano e meio de volta ao Brasil e vivia numa corrida muito grande, numa corrida contra o tempo passado no exílio. Vivera quase dezesseis anos exilado e, ao voltar, estava sendo muito solicitado, sobretudo por jovens estudantes, às vezes por grupos que trabalhavam em áreas populares, em diferentes partes do Brasil. Estava sendo solicitado por esses grupos para conversar, para discutir com eles.

De um lado, esses convites me satisfaziam do ponto de vista emocional, de querer bem. Isso me revelava também que tal chamamento, quase imediato à minha chegada, era uma espécie de declaração de querer bem. Era como se também dissessem: "Puxa, estamos contentes por você ter voltado".

Por outro lado, precisava dos *convites*. Eu me lembro que, ao voltar ao Brasil, quando pus o pé no aeroporto e ultrapassei a fronteira do controle de passaportes, fui entrevistado por jornalistas de televisão, rádios e jornais sobre a situação brasileira da época, e a todos disse: "Vim para *re*aprender o Brasil e, enquanto estiver no processo de *re*aprendizagem, de *re*conhecimento do Brasil, não tenho muito o que dizer. Tenho mais o que perguntar".

Diante dos convites, portanto, sentia aquela alegria de receber boas-vindas, mas também sentia que as minhas andanças satisfariam exatamente a essa necessidade fundamental de começar a minha aprendizagem de novo no nosso país. Aí comecei a perambular.

SÉRGIO — E esses convites partiam de onde?

PAULO — Partiam, primeiro, de diferentes lugares do Brasil, de diferentes capitais, e nem sempre só de capitais, mas de cidades do interior, no Sul, no Nordeste, no Norte. Em São Paulo também andei por várias cidades. Esses convites partiam do Recife, de Belém, de Manaus, de Porto Alegre, de Florianópolis, de Curitiba, de Belo Horizonte, de Salvador, de toda parte do Brasil. E partiam, sobretudo, de estudantes universitários, mas, às vezes, também de coordenações de cursos de pós-graduação de diferentes universidades. Nisso que eu vou contar agora há um pouco também da alegria, da afetividade com que muitos desses convites eram feitos. Vários deles não eram para que eu fosse debater questões, mas para me homenagear. Havia turmas que concluíam seus cursos nas universidades e me convidavam, me elegiam seu patrono. Vez ou outra, paraninfo. Às vezes, eu era patrono de dez turmas diferentes de uma mesma universidade. Somando essas com as turmas individuais, acho que não erraria se dissesse que, nesses quatro anos de Brasil, fui patrono de 75 a 80 turmas universitárias pelo país todo. Patrono de formandos de Engenharia, de Biologia, de Psicologia, de Direito, de Medicina, de Serviço Social, de Agronomia... E muitas vezes de Educação. Confesso, sem vaidade: me tocou muito receber essas homenagens de estudantes de diferentes áreas.

Mas as questões que recebi e continuo recebendo não eram postas nesses momentos de homenagem. Eram colocadas naqueles que decorriam dos convites que me eram feitos para que eu fosse debater e conversar com estudantes e professores. Em tais encontros sempre esteve presente uma curiosidade enorme por parte do público com relação ao que houve antes de 1964, qual teria sido a extensão da minha participação antes de 1964 que teria provocado meu exílio etc. Vocês sabem que houve aquele hiato tremendo entre o 1º de abril de 1964 e o tempo da abertura. Uma das características fundamentais de todo *regime de arbítrio* é precisamente a tentativa que todos eles têm feito de apagar a história. É como se eles sentissem a necessidade imensa de começar a história de novo, como se antes deles tudo fosse ruim. Fazem um hiato na história. A juventude do tempo do arbítrio fica proibida de informar-se, de saber o que houve antes do arbítrio. Houve isso no Brasil, obviamente, e uma quantidade enorme de jovens que estão aí hoje com 18, 22 anos — alguns não tinham nascido quando houve o hiato, outros eram crianças —, têm uma curiosidade enorme sobre isso.

Era sobre essas coisas, sobre as *perguntas* surgidas nos debates, que conversava um dia com o Gadotti. Ele também andarilho por esse país como eu, com a vantagem de ser bem mais novo. Ele me falava das perguntas que recebia e comentávamos a coincidência entre elas. Pois bem: na hora em que falávamos me deu um estalo, e disse: "Gadotti, e por que não nos juntarmos para tentar uma resposta mais sistematizada, se não a todas as perguntas, pelo menos a algumas entre as mais fundamentais? Coisa que o Gadotti inclusive já tinha feito entre as mais de quinhentas que havia juntado... Gadotti aceitou com muita alegria a minha sugestão. Disse-lhe então: "Uma das vantagens deste projeto é a de podermos, ao trabalhar juntos, mostrar que, possivelmente, nem sempre nós temos a mesma posição diante de uma pergunta ou de um problema". É possível que haja uma divergência, conflitiva até, mas de um tipo de conflito que é o conflito superável, o *conflito entre diferentes* e não *entre antagônicos*. Eu não tenho dúvida de que não há antagonismo algum entre as nossas posições. O sonho do Gadotti é o meu sonho, politicamente falando. Os caminhos, as táticas para materializar o nosso sonho é que vez ou outra podem não ser os mesmos. Pode ser que vez ou outra eu esteja errado no meu caminho de materializar o meu sonho, e pode ser que às vezes seja ele o errado.

Combinamos então essa conversa, mas demoramos para começar: ele não tinha tempo por causa das andanças dele, e o Partido dos Trabalhadores (PT) também lhe tomava um tempão enorme. Tomava não, o PT não tomava, ele se integrou com o PT.

SÉRGIO — Paulo, eu gostaria de ouvir do Gadotti, no caso, um pouco dessa andarilhagem também, porque quando você entra no Brasil e retoma o ciclo de andança no país...

PAULO — Ele já estava nela bem antes.

SÉRGIO — Já fazia esse circuito. Então, como é que você sentiu, como é que foi e como está sendo essa experiência de andar pelo Brasil discutindo, orientando, conversando com estudantes e professores? Como é que daí você também chegou à questão das perguntas e a este livro que estamos montando agora, num diálogo?

GADOTTI — Enquanto o Paulo estava contando a história dele para chegar a essas perguntas, eu também estava pensando nela, que é semelhante quanto ao sonho, mas que se processou em períodos diferentes. Por exemplo, quando o Paulo chega ao Brasil e diz, em 1980: "Eu quero reaprender o Brasil", ele está se reportando também a toda uma história pré-64, que é cobrada nesses encontros porque a juventude que o convida — e é eminentemente a juventude que o faz — quer ter um testemunho da história anterior a 1964. Como era o Brasil que ele já tinha aprendido? Porque o Paulo, apesar dos quase dezesseis anos fora, não abandonou o país. E ao voltar, antes de falar sobre o Brasil, entendeu que deveria viver para depois falar. Já no meu caso, voltei depois de quatro anos de estudo e de trabalho na Universidade de Genebra, voltei mais para conhecer o Brasil. Um Brasil que eu queria, mais do que reaprender, aprender, e num setor no qual fui envolvido desde o início do meu trabalho na Universidade Estadual de Campinas, na Pontifícia Universidade Católica de São Paulo, e também na Pontifícia Universidade Católica de Campinas. Em agosto de 1977 entrei nessas universidades para lecionar Filosofia da Educação, mas desde o início entendia que não era possível ensinar Filosofia da Educação sem ter uma experiência muito viva de como estava a educação no Brasil.

Um dos primeiros confrontos que tive com uma situação concreta da educação foi em relação aos cursos de Pedagogia. Então montamos um Seminário em 1978 que se chamou 1º Seminário de Educação Brasileira, e convidamos o Paulo. Foi uma longa história porque ele estava impedido de vir ao Brasil. Como ele não poderia vir pessoalmente, de certa forma enganamos a censura e gravamos por telefone a sua mensagem aos participantes do 1º Seminário de Educação Brasileira. Foi com muita emoção que a voz do Paulo o presentificou entre os educadores brasileiros em novembro de 1978.[1]

---

1. Essa gravação foi apresentada na manhã de 20 de novembro de 1978 aos oitocentos participantes: "Eu gostaria de dizer aos companheiros, aos amigos que estão aí, agora, no

O 1º Seminário de Educação Brasileira foi muito emotivo e deu início à série de convites, sobretudo então na área de Pedagogia, de Educação, para discutir a questão da formação do educador. E me lembro muito bem das perguntas naquela época: "Quem é que forma o educador? Quem é educador de quem?"

PAULO — É interessante, essa foi uma curiosidade fundamental em Marx também, não?[2]

Seminário de Educação Brasileira, da minha emoção imensa, fantástica, que me toma, de estar falando aos professores brasileiros, aos educadores brasileiros, do apartamento em que eu vivo, aqui em Genebra, cercado de meus filhos e de quatro grandes amigos brasileiros que, por coincidência, encontram-se entre nós.

É uma alegria enorme me servir da possibilidade que a tecnologia me coloca à disposição, hoje, de gravar, de tão longe de vocês, essa palavra que não pode ser outra senão uma palavra afetiva, uma palavra de amor, uma palavra de carinho, uma palavra de confiança, de esperança e de saudade também, saudade imensa, grandona, saudade do Brasil, desse Brasil gostoso, desse Brasil de nós todos, desse Brasil cheiroso, distante do qual estamos há catorze anos, mas, distante do qual nunca estivemos também.

Evidentemente, no momento, quando o professor Gadotti, meu querido amigo, com quem convivi aqui em Genebra, me pede que eu diga alguma coisa, é claro que vocês não podem esperar de mim uma reflexão pedagógica, política, epistemológica. Seria falso. Seria inviável para mim agora pensar criticamente, refletir sobre a pedagogia brasileira, sobre os desafios que nós temos.

Eu confesso que não poderia fazer isso. Mas também não pude negar ao professor Gadotti de mandar esse recado por telefone e lamentar não poder estar aí com vocês nesse momento em que se realiza o Seminário de Educação Brasileira. Eu só não estou aí porque, afinal de contas, eu não tenho um passaporte. Faz catorze anos que eu peço esse passaporte e esse passaporte não me foi dado. Nem o "ficaporte", quer dizer, esse extravagante passaporte dentro do qual se escreve que ele é válido só para a cidade onde a pessoa mora, como o "ficaporte" que deram para a minha mulher. Nem esse eu tenho. É por isso que eu não estou aí, mas espero que um dia eu tenha o "passaporte" e aí eu voltarei ao Brasil para abraçá-los e para dizer mais uma vez o quanto brasileiro eu sou, o quanto brasileiro tenho continuado a ser apesar da distância em que estamos no tempo e no espaço.

O meu grande abraço para vocês e que o Seminário seja um êxito, um êxito para todos nós, para o povo brasileiro e para o futuro da educação nacional" [transcrito da fita].

2. Marx, Karl. Tesis sobre Feuerbach. In: _____; Engels, F. *Obras escogidas*. Moscou: Editorial Progreso, 1966. t. II, p. 404.

1. Mesmas perguntas, preocupação comum

GADOTTI — Exato. Ao mesmo tempo que ocorria o 1º Seminário de Educação Brasileira também se formava o Centro de Estudos de Educação e Sociedade (Cedes), em torno da revista *Educação & Sociedade*. Esta nasceu, inclusive, com esse propósito inicial de discutir a formação do educador, e seu primeiro título foi sobre esse propósito: "Quem educa o educador?" Entre outros, havia um texto do Paulo e um texto meu em que eu colocava a ideia da *Pedagogia do conflito* justamente a partir dessa terceira tese de Marx sobre Feuerbach que o Paulo estava lembrando. Ou seja, a partir dessa referência básica em que o marxismo entra como horizonte histórico de formação. Com esse referencial teórico é que fui à luta para aprender a educação no Brasil, e então é que começaram a surgir essas perguntas.

Percorrendo as faculdades de Educação, de Manaus a Pelotas, passando por Rio Branco, João Pessoa, Maceió, Salvador, Goiânia, Caxias, Rio Grande, Ijuí, Santo Ângelo, para falar só nestas, cidades e centros menores do que as capitais; percorrendo todos esses lugares, comecei a perceber que a pergunta era a mesma, que existiam questões que eram as mesmas em todos os lugares e que uniam os educadores numa preocupação comum.

PAULO — O interessante, Gadotti, é que andanças como essas de que você fala, comecei a fazer nos anos 1970 a nível de mundo e continuo fazendo. As perguntas, embora as mesmas, se apresentam diferentemente vestidas, com roupagens distintas: se têm um turbante na cabeça, então estamos na Índia; se aparecem com uma camisa cheia de cores, calças quadriculadas, estamos nos Estados Unidos. Quer dizer, a pergunta é a mesma, mas sempre diversificada e caracterizada em função da cultura, do momento histórico e também, não há dúvida nenhuma, em função da posição de classe de quem a faz.

SÉRGIO — Às vezes a pergunta já diz.

PAULO — Às vezes a pergunta é feita, o tema é o mesmo, mas a pessoa que pergunta já se põe contra uma possível resposta.

GADOTTI — No fundo, a própria maneira de fazer a pergunta já continha uma resposta. E há uma coisa interessante na pergunta quando ela não é feita por escrito: oralmente existe o gesto, a voz, o rosto...

PAULO — A paixão...

GADOTTI — ... que responde à pergunta. É um processo de aprendizagem incrível o fato de se poder falar para públicos diferentes, ter contato com grupos diversificados. Isso permite que se acumule uma riqueza de *vivência* e de compreensão que nem sempre é racionalmente acessível. Quando se entra em contato com as pessoas, com os educadores, com os professores, com os estudantes, capta-se um sentido que não é captável pelos textos nem pela literatura, mas somente pela vivência. Então, quando as perguntas eram escritas, passei a me interessar por colecioná-las: pegava, dobrava, punha debaixo do braço e levava para casa. E numa das quartas-feiras em que o Paulo sempre comia uma feijoada lá em casa, em Campinas, ele teve a ideia de fazermos um livro na forma de diálogo para recapitularmos essas perguntas.

PAULO — Gadotti, me lembrei de um pormenor quando falávamos das perguntas. Você me olhou e disse: "É, Paulo, aliás, eu tenho todas guardadas". Eu me senti profundamente inferiorizado, olhei muito frustrado para você e disse: "Puxa, Gadotti, não tenho nenhuma, de modo geral eu as deixo em cima das mesas". E ele disse: "Ah, não Paulo, eu tenho todas". Foi aí que fiz a sugestão de trabalharmos juntos, e cá estamos hoje.

GADOTTI — O dia de hoje é a ponta de um *iceberg*. Atrás do dia de hoje existe toda uma história, que é a sua, a minha e a do Sérgio, que está aqui para nos falar da sua vivência em educação. Sou vinte anos mais novo que o Paulo e o Sérgio é dez anos mais novo que eu. Em suma, considero que houve uma associação feliz em que o dueto se transformou num trio com uma capacidade de absorção de vivências muito mais ampla, não só cronologicamente, mas sobretudo por termos tido uma experiência e um compromisso comuns com a educação, no Brasil e fora dele.

SÉRGIO — A minha experiência de vida está principalmente voltada para o antigo ensino primário. Tudo o que penso, falo e exemplifico hoje está muito ligado a uma memória de vida e de prática de ensino voltada em primeiro lugar para o ensino primário e, em segundo, para o ensino universitário no exterior, mas esta já é uma situação bastante especial. Aliás, foi nesse período em que trabalhei na Universidade de Lyon que eu e o Paulo tivemos oportunidade de nos conhecer pessoalmente e a partir daí fomos desenvolvendo diálogos juntos. Talvez a minha contribuição hoje também possa ser no sentido de aproveitar um pouco da experiência que adquiri nesses anos no exercício de diálogos, de conversas... Essa prática pode também ajudar no sentido de que a minha visão talvez mais empírica dos fatos dê margem a questões mais teóricas por parte de vocês.

PAULO — Você exagera. Acompanhei mais ou menos seus estudos sistemáticos quando da elaboração do projeto de sua tese. Você vivia uma experiência acadêmica na França, e até o felicito, porque, em certo momento, você a interrompeu para levar à Angola, através da Unesco, a sua contribuição de jovem brasileiro no campo da formação linguística de professores de ensino de base. A sua opção selou nossa amizade. É óbvio que uma experiência como essa que você teve tem a ver com o que nos une na elaboração deste livro.

2. Denúncias e anúncios de propostas

GADOTTI — Bem, eu acredito que a história de cada um, relativa a essas perguntas, já está colocada. O que nos falta agora é sistematizar as respostas. Eu me pergunto inicialmente: por que estamos respondendo a elas? Qual é o nosso interesse, no sentido que se dá a essa palavra na Filosofia das Ciências Humanas, quer dizer, um *interesse epistemológico*, lógico, social? E me pergunto ainda sobre a relevância de estarmos respondendo a essas perguntas.

Como não estamos fazendo um livro por fazer, gostaria de encaminhar uma resposta a essa questão de relevância.

Estamos tentando buscar respostas que, no fundo, são o anúncio que as denúncias formuladas nas perguntas já contêm. Em outros termos, o que vamos tentar fazer é partir das críticas e chegar às propostas que aquelas já indicam. A nossa questão central, portanto, que engloba todas as outras, é essa: qual a resposta que os educadores já tinham quando formularam suas perguntas? Considero então que nosso esforço é basicamente *sistematizador*.

Esse é um dos papéis do intelectual na sociedade, seu papel político e social: captar as respostas que estão contidas nas perguntas que nos foram formuladas.

Esse é um dos trabalhos do educador intelectual também: através da sensibilidade que tiver a essas perguntas, responder, não como se tivesse a resposta, como se nós três a tivéssemos, mas saber quais são as respostas que estão subjacentes ao ato de formulação das perguntas.

Enfim, quais são as respostas que os educadores brasileiros querem dar às suas próprias perguntas, hoje?

O político-pedagógico

1. Introdução: a especificidade da educação, uma questão ideológica

PAULO — Muitas das perguntas que vamos trabalhar já têm, como o Gadotti salientou, a *resposta do perguntador*, que necessariamente não é a nossa. Acho importante esclarecer os prováveis leitores deste diálogo que nós três vamos, honestamente, deixar explícita a nossa posição, que é ao mesmo tempo política e pedagógica, ao responder às questões que nos foram propostas.

GADOTTI — Em relação à sua afirmação de que o nosso trabalho de andança pedagógica dos últimos anos é tão pedagógico quanto político, gostaria de acrescentar um fato que tem ocorrido com alguma frequência. Existe uma artimanha por parte de responsáveis de universidades, por exemplo, ou por parte de departamentos ou faculdades, que é uma artimanha que tenta, de certa forma, destruir uma atividade sob o argumento de que é política e não pedagógica. Por exemplo, no meu caso, quando chegava a uma determinada faculdade a convite dos alunos e era considerado *persona non grata* pelos responsáveis dessas faculdades, estes tentavam invalidar a atividade que era desenvolvida, dizendo que eu era mais *um político do que um pedagogo*. Acho que isso também deve ter acontecido com você.

PAULO — Exato.

GADOTTI — Eu procurava então esclarecer e fazer compreender também que é impossível dissociar da tarefa pedagógica o político. Repetia, aliás, aquilo que você já disse em suas obras, que o educador é político enquanto educador, e que o político é educador pelo próprio fato de ser político.

Nossa atividade, portanto, já representa uma *opção política*. Não fazemos essas conferências, palestras, debates e conversas apenas para difundir conhecimentos. Trata-se de fazer um trabalho pedagógico-político no sentido de nos conhecermos enquanto educadores; de avançarmos nas respostas às questões que nos colocamos de Norte a Sul desse país; de buscarmos para a educação alternativas que não sejam elaboradas em gabinete, que não sejam projetos político-pedagógicos dissociados do avanço político da massa popular. Porque o que nós temos assistido, sobretudo nos últimos vinte anos, é que a educação tem sido elaborada, destilada nos corredores burocráticos da ditadura, e imposta à massa.

A educação que propomos, em decorrência da nossa opção política, é uma educação que venha a ser construída hoje a partir desse debate amplo, desse caminhar juntos de todos os educadores que somos, e não só pelos professores, mas também pelos pais, alunos, jornalistas, políticos, enfim, por toda *a sociedade brasileira se repensando*, reaprendendo o Brasil. Hoje estamos num momento histórico em que esse país está diferente: nós estamos pensando em escrever, em falar um livro no momento em que esse país está despertando, passando por cima de partidos políticos, passando por cima de centro, de esquerda, de direita, e tomando a palavra. E nós também estamos envolvidos nesse processo. É em decorrência desse grande processo político de massa que hoje é possível falar a palavra "Brasil", "Pátria", com mais força do que falávamos há dez anos atrás, porque tínhamos um certo receio da conatação fascista destas palavras. Hoje não, hoje caminhamos juntos e nessa grande caminhada, nessa andança que fizemos por aí pudemos captar esse movimento que está dando seus frutos na unidade da própria nação e que traz consigo propostas pedagógicas novas.

2. A vitória política passa pelo convencimento pedagógico

PAULO — Pois é, a partir dessas reflexões do Gadotti se percebe claramente que seria uma ingenuidade reduzir todo o político ao pedagógico, assim como seria ingênuo fazer o contrário. Cada um tem a sua especificidade. Mas o que me parece impressionante e dialético, dinâmico, contraditório, é como, mesmo tendo domínios específicos, continua a haver a interpenetração do político no pedagógico e vice-versa. O que quero dizer com isso é que quando se descobre uma certa e possível *especificidade do político*, percebe-se também que essa especificidade não foi suficiente para proibir a presença do pedagógico nela. Quando se descobre por sua vez a *especificidade do pedagógico*, nota-se que não lhe é possível proibir a entrada do político.

Por exemplo, a recente e maravilhosa campanha pelas Diretas Já. É óbvio que ela não foi feita nos seminários de Filosofia da

Educação, de Ciências Sociais aplicadas à educação, dentro da universidade: foi feita no espaço da cidade. A praça pública se abriu para a presença extraordinária no último encontro de São Paulo, por exemplo, de 1 milhão e 700 mil pessoas. Foi um ato político, mas seria profundamente ingênuo não reconhecer a dimensão altamente pedagógico-testemunhal da presença de 1 milhão e 700 mil pessoas cantando o Hino Nacional de mãos dadas. Ou seja, ninguém fez seminário para discutir as "Diretas Já", o que houve foi um discurso político deste ou daquele líder das oposições brasileiras e um envolvimento na prática. O que realmente houve foi sair de casa e ir para a praça pública convencido de demandar um direito, o direito de escolher o presidente da República, contra a mania do poder dominante deste país de dizer que o povo brasileiro ainda não sabe eleger. Contra essa farsa a massa foi à praça pública e deu uma resposta extraordinária ao chamamento das lideranças, indo além das próprias lideranças. Estas ficaram um pouco aturdidas, sem saber sequer explicar a presença de tanta gente e a ordem em meio a tanta gente. Como educador, eu me pergunto: essa prática política, essa presença de uma voz, a voz de um povo que luta contra o silêncio a ele imposto em todos esses anos de regime discricionário, autoritário não terá sido também um momento extraordinário de pedagogia no dinamismo, na intimidade de um processo político? É lógico que não foi uma educação sistematizada, com uma pauta preestabelecida para discutir a luta de classes, por exemplo, ou para discutir a dimensão biológica do ato de conhecer. Não havia nada preestabelecido. O que houve foi exatamente a encarnação de um desejo popular: *o de votar*. Algo eminentemente político, mas cuja vestimenta foi também eminentemente pedagógica.

Por mais que se queira encontrar a especificidade do político, não se pode desconhecer uma extensão do político no pedagógico.

Por exemplo, o *convencimento*,[3] que é uma das características do pedagógico, se dá também quando o Lula fala politicamente. Este momento é político, o espaço é político e Lula fala às massas populares defendendo sua posição bravamente, como operário e não como intelectual pequeno-burguês. Isso é importante também deixar claro, ele fala como um operário que conhece, que lê a realidade desse país, sem necessariamente ler livros. Quando faz o seu discurso bravo, quando bate com a mão, quando chama o povo a assumir uma posição, o Lula está tentando convencer. *Convencer.* *Vencer*, como característica do político, passa pelo convencimento, que é pedagógico. Como se vê, ao buscar vencer, o político tem de recorrer ao convencimento. No ato político há, portanto, a natureza ou a marca do pedagógico, assim como no pedagógico há a marca do político.

3. Haveria alguma distinção entre pedagogia e política?

GADOTTI — Esta distinção entre vencer e convencer, em que o vencer seria o caráter específico do político e o convencer o caráter específico do pedagógico, me parece uma distinção muito tradicional, muito da política tradicional. Ela não corresponde à nova política que a classe trabalhadora brasileira está praticando hoje. Essa distinção tem mais a ver com o passado do que com o futuro. No caso do seu exemplo sobre o Lula, que é a grande liderança emergente da classe trabalhadora brasileira e dos que têm uma

---

3. Ver SAVIANI, Dermeval. *Escola e democracia*. São Paulo: Cortez/Autores Associados, 1983.

consciência e uma posição claras de classe, eu jamais poderia dizer que esta análise — não diria de *filosofia da educação*, mas de *filosofia da linguagem* — se aplicaria a uma postura político-pedagógica do Luís Inácio Lula da Silva. Ele já não representa mais esta distinção tradicional entre o político e o pedagógico, mas o novo.

SÉRGIO — Eu teria uma observação a fazer no sentido de tentar analisar melhor a questão da especificidade do pedagógico e do político. A distinção que se faz, por exemplo, entre o fato de que no *âmbito pedagógico* a relação se daria entre *não antagônicos*, enquanto que no *âmbito político* a relação se daria entre *antagônicos*. Para mim, ainda que não pretenda voos teóricos sobre a questão, na prática e do ponto de vista pedagógico as relações pedagógicas se dão quer entre antagônicos, quer entre não antagônicos. Ou seja, o fato de haver ou não antagonismo não significa em absoluto uma distinção clara entre o que é especificamente pedagógico e o que é especificamente político.

É possível um ato pedagógico na luta entre antagônicos, pois as pessoas podem vir a aprender mais e ensinar também, e modifica-rem sua visão de mundo na luta entre os contrários. Isso não ca-racteriza em absoluto um plano político onde não houvesse o pe-dagógico, como se este implicasse apenas o convívio amistoso, simpático entre figuras que na realidade não se opõem. Dentro de uma sala de aula, por exemplo, muitas vezes há uma "luta em classe" que reflete posições de classe diferentes, posições profun-damente pedagógicas.

No plano partidário, o fato de haver opções partidárias dife-rentes dentro de uma sala de aula entre alunos e professor adultos, o fato de haver um antagonismo entre alunos do PDS, do PMDB, do PT, PTB ou PDT não significa simplesmente que essa relação, por ser antagônica, deixaria de ser pedagógica para ser eminente-mente política. Para mim, o aproveitamento do pedagógico se dá tanto quando há polos antagônicos como quando não há. O que me parece falho nessa tentativa de buscar o específico do pedagógico nessa distinção é a de conceber o pedagógico, a relação especificamente pedagógica como uma relação entre não antagônicos, reservando à política o plano dos antagonismos.

PAULO — Vejamos, por exemplo, uma discussão entre Lula e um auditório com representantes *populares* e os chamados *intelectuais*. Sem discutir Althusser, Gramsci ou Hegel, sem dar nota a ninguém, sem encaminhar as chamadas monografias, como líder do PT, Lula defende, por exemplo, nesse hipotético e tão concreto encontro, a posição do PT no momento histórico, político etc., atual brasileiro. Ninguém me tira da cabeça que esse encontro do Lula com um grupo das massas populares brasileiras não seja ao mesmo tempo político e pedagógico. Ao dizer que o pedagógico se centra no convencimento e o político na busca do poder, na busca do vencer para obter o poder, na vitória, o que vejo nesse hipotético e ao mesmo tempo tão real exemplo do Lula discutindo num anfiteatro ou numa praça pública? Vejo que o objetivo, o sonho do Lula, do ponto de vista do Partido dos Trabalhadores e não do Lula pessoalmente, é conseguir o poder mesmo, é vencer. Mas, do ponto de vista da relação dele com aquele grupo que está aí, ganhar o poder passa pelo convencimento. Eu até diria que o Lula, nesse hipotético e real exemplo, pretende ler com os outros a realidade brasileira atual e com eles propor a mudança do presente para criar o futuro da chegada ao poder. Ora, o que temos aí é *política e educação*.

Parece-me, portanto, que indiscutivelmente há especificidades na educação e na política, mas o que quero dizer é que quando se chega a uma especificidade, ao campo, ao momento, ao espaço da *especificidade do pedagógico*, descobre-se, como disse antes, que uma vez mais esta especificidade abre a porta para o político.

É assim que vejo essa questão: dialeticamente, contraditoriamente.

GADOTTI — Quando disse que a distinção entre político e pedagógico me parecia uma visão tradicional é porque estava considerando a figura do político tradicional, em que o vencer significa vencer *para* ele, e não para a classe. Esse é o *político tradicional* da classe dominante e da tradição política brasileira formada pelo populismo, sobretudo nos últimos sessenta anos, em que o vencer configura a vitória sobre o outro. Nesse caso vale a polêmica, vale a destruição do adversário, valem as regras do *Príncipe*, de Maquiavel, que por sua vez são as regras que valem para cada político tradicional. Já no caso do Lula, não se trata dele vencer como indivíduo, como um homem que vence para seu grupo e chega ao poder e vira "palaciano", como se diz hoje. Trata-se de *vencer para a classe trabalhadora*. É por isso que aquela distinção me parece ainda dentro do político-pedagógico tradicional e não de um Brasil novo, de um Brasil com uma visão de classe clara. Me parece que falta nessa distinção uma ótica de classe.

PAULO — Exemplifiquei com a hipótese muito concreta do Lula falando às massas. Vejamos agora o meu próprio caso, como educador, como professor. Por exemplo, quando discuto, enquanto educador, com um grupo de estudantes de educação ou de graduação ou de pós-graduação, no Brasil ou fora, estou na *ótica do pedagógico*, pretendendo convencer. Muito bem, mas convencer para quê? Para que este convencimento acrescente algo à luta pela busca da vitória de uma perspectiva de sociedade, aquela que me move. Então o meu esforço num seminário de pós-graduação não é apenas para convencer os estudantes de que Marx[4] estava certo,

---

4. Marx, Karl; Engels, Friedrich. *La sagrada familia y otros escritos*. México: Grijalbo, 1962.

por exemplo, quando dizia que a história não é nenhuma entidade superior que está acima dos homens — e das mulheres, eu acrescentaria a Marx —, mas, pelo contrário, é feita por nós e, ao fazermos a história, ela nos faz. Quando estou discutindo com estudantes a significação mais profunda da educação à luz dessa compreensão realista, crítica e materialista da História, a minha preocupação não é só convencê-los da verdade do que Marx disse, mas contribuir com este convencimento para que eles engrossem amanhã a *luta pelo vencer*, no sentido de mudar a história. Sou também político, portanto, e *sou político na própria especificidade da Pedagogia*. É isso que eu gostaria de deixar claro. É óbvio que nem todos pensam como eu, e no Brasil há muita gente que não pensa igual a mim. Eu penso assim, e me sinto profundamente político mesmo quando me encontro no *espaço da pedagogia*. Quando busco convencer estudantes norte-americanos e europeus sobre uma coisa tão óbvia como a de que o subdesenvolvimento não se explica pelo clima, pela miscigenação brasileira, que não estamos no atraso em que estamos porque somos preguiçosos; procuro mostrar que há subdesenvolvimento porque somos explorados. Quando tento convencer grupos em torno da necessidade de uma leitura mais crítica do real, o meu objetivo é engrossar as fileiras que politicamente pretendem vencer, quer dizer, pretendem mudar a estrutura social.

4. Convencer é também conhecer juntos

SÉRGIO — Nessa questão do vencer/convencer, questão intimamente ligada a uma luta que se trava no sentido de derrubar o poder, muitas vezes se escamoteia o que, a meu ver, permeia tanto o pedagógico quanto o político: *o conhecer*. Neste sentido, ao invés de ressaltar a ideia de convencer como ato de persuadir e, no fundo, de vencer o outro à base de argumentos, prefiro interpretar o convencer como a ação de, conhecendo juntos, vencer *com*. Ou seja: na prática, não se trata de que eu, como líder, tente convencer aqueles que vão me seguir de que estou certo e eles estão errados. Muitas vezes, o que acontece entre as pessoas que optam pela mesma linha de ação é perceber que não há necessidade do convencimento, no sentido oratório, retórico, da persuasão, mas simplesmente a necessidade de se conhecer, de se identificar os pontos em que a gente concorda ou não. Quando estou diante de uma plateia de estudantes, nem sempre se trata de convencê-los ou de mostrar que sua ideia x ou y é errada e, consequentemente, que a minha seria a certa. Ao explicitar a minha ideia, trata-se mais de fazer com que eles percebam em que medida as deles, que partem das suas próprias práticas, se assemelham às minhas, quando é o caso, ou divergem das minhas. Aí então podemos discutir.

PAULO — E ainda há outro aspecto, se formos considerar a esfera do político realmente, da prática e da luta políticas. O problema, para nós do PT, por exemplo, não é o de nos tornarmos pedagogos para convencer a classe dominante de que ela explora as dominadas. Não tenho nenhuma pretensão de reeducar a classe dominante desse país enquanto classe, porque essa seria uma *pretensão ingênua*, profundamente ingênua. Enquanto classe social ela não tem possibilidade de ser convencida. Além do que assumir essa pretensão implica aceitar um outro pressuposto que pelo menos até hoje não foi provado: o de que a classe dominante se suicida. O que se encontra na luta política através dos tempos são representantes das classes dominantes que se convertem politicamente às classes dominadas. Ao se converterem às classes dominadas, essas pessoas são necessariamente consideradas traidoras da classe dominante, no que estas estão certas.

Longe de mim, portanto, fazer *seminários para converter a classe dominante* deste ou de outro país. O ato político para mim, para nós, é vencer as classes dominantes, sem dúvida nenhuma, mas acontece que a minha relação, a nossa relação, a do Lula, a do Weffort etc., com os grupos das classes sociais dominadas, com as massas populares, é no sentido de participar da sua mobilização, aprendendo e ensinando.

Esse é um *momento eminentemente pedagógico do político*, um momento de *convencimento no ato político* para buscar a vitória. Por isso afirmei antes que do ponto de vista da luta das classes sociais, a vitória para reinventar a sociedade passa também pelo convencimento das massas populares. A vitória, enquanto ato político, é mediada pelo convencimento enquanto ato pedagógico. Não é possível separar os dois. Não sei, Gadotti, o que você acha disso.

GADOTTI — Há pouco introduzimos esse debate em torno da especificidade do político e do pedagógico; motivados pela análise das propostas político-pedagógicas contidas nas perguntas e você dizia não serem necessariamente as nossas.

Fomos convidados e atendemos aos convites, aprendendo com isso. As perguntas que recebemos em todos esses encontros foram trabalhadas no calor do momento. Eram muito datadas, circunscritas àquele) momento, naquele grupo específico, naquele dia determinado em que ocorriam acontecimentos variados, como a demissão de um secretário da Educação, por exemplo. Então falávamos sobre o secretário que foi demitido ou sobre a greve de professores, a greve de trabalhadores, as eleições políticas, a anistia, a luta pelo fim do AI-5. Esses momentos foram muito marcados, e agora temos um certo recuo ao fazer a análise das perguntas, recuo que nos permite ver de uma maneira mais global e nos permite descobrir nestes cinco ou seis anos de andanças, um certo *movimento histórico da educação brasileira.*

SÉRGIO — Estou curioso em relação a esses momentos de que resultaram as perguntas e gostaria de saber como é que vocês agiam diante desse público. Gostaria que vocês tentassem caracterizar um pouco as situações em que essas perguntas se originaram. Eram conversas, exposições ou debates? Tinham público grande ou pequeno? Como é que vocês se comportavam do ponto de vista de uma metodologia da prática da ação?

GADOTTI — Há uma certa variedade que precisa ser levada em conta, mas na maior parte das vezes o *público* era muito grande e heterogêneo. Lembro-me, por exemplo, de que na primeira Assembleia dos Professores de Santa Catarina, de que participei, havia pelo menos três mil professores num estádio coberto e num dia de calor fortíssimo lá em Florianópolis. Havia uma certa homogeneidade — eram professores de 1° e 2° graus — mas se estava à frente de um grupo enorme de professores, de uma massa. Não havia condições de se trabalhar numa relação pessoal. No fundo era uma resposta que se tinha de dar com a grande preocupação que para mim sempre esteve presente: a responsabilidade que se tem diante de um grupo como aquele, de ser transparente, de dar uma resposta muito limpa, muito clara, sem ambiguidades, de procurar não ser um estrategista da palavra, mas "lutar com a palavra", como diz o educador Carlos Rodrigues Brandão. E de tentar, enquanto educador, enquanto professor, se assumir, e ter a responsabilidade de levar a sério todas as perguntas. Às vezes elas podiam parecer ingênuas, muito superficiais, mas a preocupação maior nesses momentos era desenvolver um trabalho que nunca banalizasse as perguntas que viessem do público. Isso obviamente cansa.

Era esta a situação que eu encontrava diante desses grupos, em geral muito grandes.

5. Diferentes modos de "falar com"

SÉRGIO — Mas em geral já se partia de perguntas do público ou você fazia uma pequena exposição antes?

GADOTTI — Em geral havia uma exposição preliminar, ou então se partia de perguntas, o que tenho feito muito. Chego e pergunto quais são as expectativas, os temas, e eles brotam. Quando o público é menor, de cem pessoas ou pouco mais, é possível começar perguntando: quem são, por que fui chamado para trabalhar com eles etc. A metodologia é muito condicionada pelas condições concretas e materiais do local inclusive.

Às vezes o auditório é muito grande e não há condições de trabalhar dessa forma: parte-se então para uma exposição sobre um tema já acertado. Em geral, quando sou contatado para essas atividades, pergunto antes e faço uma análise de quem vai ser o público, suas expectativas. Aprendi isso com o Paulo, não fazer simplesmente uma exposição sobre um tema, como um dos últimos que desenvolvi, a convite do DCE da PUC de Campinas, sobre o tema "Educação e democracia na universidade", na Semana de Calouros. Não faço uma exposição sistemática do tema como se já existisse uma resposta quase que mecânica a ele. O melhor é trabalhar o tema como quem também está aprendendo sobre ele, como quem está aprendendo junto. Essa disposição parte muito daquilo que o Paulo chama de político no pedagógico...

PAULO — Estou totalmente de acordo.

SÉRGIO — Em que medida você tem tido, nesses contatos todos, relações de caráter antagônico? Nesses debates que se instauram, nessas discussões você tem tido a oportunidade de observar o surgimento de opiniões radicalmente opostas?

GADOTTI — Na semana passada eu estava em Joinville e, terminada a exposição, o reitor da universidade me disse claramente que concordava com as minhas ideias, com a minha posição pedagógica, mas que evidentemente tinha uma posição política que era, na expressão dele, diferente da minha. Talvez ele tenha se referido a uma posição político-partidária, significando que ela é sempre antagônica, como o *antagonismo* que existe entre as classes. Evidentemente a universidade, embora seja mais homogênea do ponto de vista de classe, também contém a *luta de classes* e esse antagonismo se manifesta dentro dela. Daí eu achar que essa distinção de que o antagônico se manifesta no político e o não antagônico no pedagógico carece de verdade: é como se não existissem professores com posição de classe operária e alunos das classes burguesas e vice-versa. Especificar assim o político e o pedagógico é ignorar a luta de classes, o que ocorre com os *pensadores liberais*.

Por outro lado, nesse momento histórico, não se pode dizer que o político seja tão antagônico entre os partidos políticos, por exemplo, principalmente num país como o nosso em que não existem praticamente partidos políticos com uma definição ideológica clara e uma postura de classe definida, mas um sincretismo e uma definição ainda *populista* dos partidos. Ainda não chegamos a uma definição efetiva de antagonismos de classe que sejam revelados pelos partidos políticos.

SÉRGIO — Nossa organização partidária se faz ainda muito mais em torno de homens do que em torno de ideias, de plataformas.

PAULO — São coisas que a gente precisa combater. Diante da tradição brasileira, acho que a nossa política será tão mais válida quanto mais diminuir a preocupação em torno de nomes para se interessar por *propostas*, pelo que realmente distingue as classes sociais. Enquanto a política for em torno de nomes pode aparecer um ou outro que, na verdade enraizado na classe dominante, desperte interesse nas classes populares, através de discursos puramente populistas.

Quanto à minha experiência ela é exatamente igual à do Gadotti. Ora falo a trezentas pessoas, ora a duas, três mil pessoas. *"Falo a"* não é bem o termo, pois mesmo quando "falo a", a minha postura é de quem *"fala com"*. Ora tenho as perguntas escritas, ora são espontâneas, orais; ora faço uma pequena introdução de quinze a vinte minutos ou começo imediatamente a perguntar e a receber as perguntas. O que ocorre frequentemente e deve ocorrer com o Gadotti também, é que às vezes uma pergunta exige uns 15 minutos de resposta, quase como uma pequena conferência.

Uma das perguntas fatais, inevitáveis, que recebo, não só aqui, mas em Los Angeles, em Massachusetts, no Michigan, é a seguinte: é possível ou não fazer alguma coisa contra a ordem estabelecida dentro da escola? Quando me fazem essa pergunta sempre levo quinze a vinte minutos, no mínimo, trabalhando a sua resposta. Tento uma análise das relações dialéticas e não mecânicas entre o sistema educacional enquanto subsistema e o sistema global da sociedade para mostrar que, se do ponto de vista das classes dominantes a tarefa fundamental da escola não pode ser outra senão a de reproduzir sua ideologia, a de preservar o *status quo*, esta tarefa não esgota o que fazer da escola. É que há outra a ser cumprida por educadores cujo sonho é a transformação da sociedade burguesa: a de desocultar o real. É assim que tenho me comportado, e acho que coincide enormemente com a experiência do Gadotti.

GADOTTI — Essa coincidência existe, mas eu também não abro mão de fazer os tais "cursos magistrais" quando solicitado. Tenho experiência de exposições de três horas seguidas, sem perguntas, e isso evidentemente é preestabelecido com o grupo e não imposto por mim. Conforme o preestabelecido, faço as três horas de exposição de um tema e depois vamos almoçar. As perguntas ficam para a tarde ou para outro dia; a *exposição* simplesmente é feita sem interrupção, em que eu mesmo tento também trabalhar o tema e desenvolvê-lo, analisando as suas contradições internas, buscando as ditas conexões, fazendo aquilo que eu chamo de "método dialético". Portanto, desenvolvo o tema no sentido tradicional...

SÉRGIO — Não é tão tradicional assim. Inclusive no oitavo capítulo do primeiro volume do *Sobre educação*, chamado "Expor-se ao diálogo", num determinado momento discutimos essa postura do professor que chega e expõe para uma plateia de alunos ou de interessados, durante algum tempo, a sua maneira de encarar o tema, a relação que ele tem com o tema. O Paulo fala um pouco sobre como isso não constitui em absoluto uma postura antidialógica ou bancária por parte dos professores. Ou seja, é importante também para os alunos, em determinado momento, assistir ao *testemunho amoroso* que um professor dá do seu estudo sobre um determinado tema. Não é necessário que o diálogo se explicite na forma de pergunta e resposta para que se tenha a possibilidade de intercâmbio.

PAULO — Claro, para muita gente só há diálogo quando se entra num pingue-pongue de perguntas e respostas. Realmente naquele capítulo do *Sobre educação* descrevi a figura do professor que chega diante dos alunos e dá um testemunho de como ele se acerca do objeto de análise. Quando falei sobre isso estava inclusive pensando em professores brasileiros pelos quais tenho uma profunda admiração enquanto gente e enquanto intelectuais: por exemplo, um professor como Florestan Fernandes, como Antônio Cândido, Octávio Ianni, Francisco Weffort, Fernando Henrique Cardoso, Marilena Chauí, para falar só nestes. Em Marilena Chauí a gente tem, de forma exemplar, essa capacidade extraordinária de falar em que o aparente silêncio do estudante é um diálogo com ela. A nível internacional eu citaria por exemplo o meu amigo Martin Carnoy, da Universidade de Stanford, o Henry Giroux, da Universidade de Miami, em Ohio, Peter Park, da Universidade de Massachusetts, Ira Shor, da Universidade de Nova York. E ninguém me põe na cabeça que esses professores são "bancários". Não com tanta mestria, Gadotti e eu também fazemos isso com o tratamento de um tema.

6. A paciência histórica do educador...

SÉRGIO — Mas além disso, em relação às perguntas surgidas nessas andanças de vocês, gostaria de saber: nesses contatos, houve momentos em que vocês tenham perdido a paciência em relação a determinadas perguntas?

PAULO — Talvez o Gadotti até já tenha, por causa da juventude dele. Mas, como tenho vinte anos de presença no mundo antes dele e aprendi muito esse negócio da *paciência* e da *impaciência*, ainda não perdi. E digo mais, não perco a paciência mesmo quando, vez ou outra, recebo alguma pergunta provocativa. O que faço nesses casos é responder à provocação energicamente. Outra coisa que aprendi é que não se pode estar nem além nem aquém do tom com que nos fazem a pergunta. A intensidade e o vigor da resposta devem corresponder aos da pergunta. Sabem quem me ensinou isso?

GADOTTI — Amílcar Cabral?

PAULO — Não, antes de Amílcar, foi a minha prática nos Estados Unidos. Em meus debates com grupos representantes das chamadas minorias, que no fundo são maioria, fui aprendendo esta lição fundamental. A minha mansidão também foi aprendida e está em função da mansidão ou da violência do outro.

SÉRGIO — E para você, Gadotti, como é que tem funcionado o exercício da paciência no dia a dia dos contatos com grandes e pequenos públicos, e diante dessas perguntas todas que são feitas e que hoje vamos procurar esmiuçar e tentar responder?

7. ... mas nem tanto! Acerca de humor, ironia e irreverência

GADOTTI — Do aprendizado e da convivência com o Paulo acho que ficou multo desta paciência pedagógica, dessa paciência histórica que é própria do educador. Talvez então haja mais essa especificidade: optar por caminhar e fazer juntos, respeitar o momento histórico que o outro está vivendo. Respeitar e desrespeitar ao mesmo tempo, porque não é para convencê-lo a ficar onde está; o educador vai tentar fazer com que ele caminhe.

Mesmo essa convivência com o Paulo, porém, mesmo a leitura da sua obra e a assimilação desta questão fundamental do educador que é a *humildade*, a *paciência*, a *sinceridade*, muitas vezes tudo isso, no calor da hora, falha. Falha porque a pergunta é maliciosa, não tem nada a ver com o trabalho que se está desenvolvendo e no fundo seu objetivo é desviar a coisa para outro lugar. E "ninguém é de ferro"! Nesses casos tenho sido "curto e grosso" também nas respostas, e em geral improviso em cima de uma coisa que faz a plateia rir e aí a pessoa não consegue continuar. Se o trabalho da pessoa é contra aquilo que estou fazendo, uso da *ironia*, da *irreverência*, que também é uma grande arma do intelectual; ou então faço uma blague e esvazio a pergunta. Há uma ironia que procura destruir o outro e uma ironia que sintetiza todo um processo de comunicação, que faz avançar. Tento caminhar pacientemente, faço isso em 99,9% das situações, mas há algumas raras exceções que, justamente, confirmam a regra.

PAULO — Há anos atrás participei de um seminário em Paris como coordenador. O público era um grupo de missionários e se discutiu um pouco a questão da práxis histórica, da meta-história, da teologia da libertação, evangelização etc. Em certo momento eu expressava como, do meu ponto de vista, era impossível uma dicotomia, para os que creem, entre mundanidade e transcendentalidade e, portanto, história e meta-história, salvação e libertação, por exemplo. E me colocava diante disso, numa posição muito mais dinâmica do que dicotomizante, claro. Um dos presentes, um italiano, ficou muito irritado, se levantou e fez um discurso de direita em que dizia que não admitia, de jeito nenhum, uma análise como aquela, com ares de marxista. Que mundanidade era uma coisa e transcendentalidade era outra, e que ele não precisava da mundanidade. Isso porque eu havia dito que para mim não havia possibilidade de alcançar a transcendentalidade sem atravessar as estradas do mundo, e essa travessia era histórica e conflitiva, se dava na luta e inclusive nos antagonismos de interesses de classes etc.

Pois bem, o italiano ficou muito zangado e terminou o discurso dele dizendo que alcançaria a transcendentalidade sem o mundo. Houve um silêncio muito grande e aí fiz uma coisa que raramente faço. Fui talvez mais irônico do que tive humor. Quando ele terminou o discurso, eu disse: "O.K., ótimo, cada um tem a sua opção, cada um escolhe a sua estrada, e você está convencido de que chega à transcendentalidade e bate o seu papo com Deus sem ter atravessado esse mundo e a história". Ele gritou: "Sim!" "Então, vou lhe fazer um pedido, vou lhe pedir um favor: quando você chegar lá me mande um telegrama dizendo qual foi o atalho que você usou para não precisar da história. Eu lhe agradeço desde já esse favor". O pessoal riu e o nosso amigo se retirou. Perdeu uma oportunidade muito boa de me ensinar e de aprender alguma coisa.

Outro momento em que tive de ser duro ocorreu quando botei o pé em Viracopos, ao voltar para o Brasil e havia um grupo muito grande de jornalistas de televisão, rádio etc. Um deles chegou junto de mim com um gravador e disse o seguinte: "Professor Paulo Freire, o senhor acaba de chegar ao Brasil e a sua volta se deve a um ato generoso do governo brasileiro que concedeu o direito ao senhor e a outros de voltarem. Então gostaria que o senhor aproveitasse a oportunidade para fazer seus agradecimentos". Eu disse a ele: "Meu amigo, não vai haver entrevista do senhor comigo porque a concepção que o senhor tem da história é tão diferente da minha que não dá para dialogar. Para o senhor a história se faz através de presentes. O governo do Brasil resolveu dar um presente a nós, os exilados, e ao dar esse presente — a volta — deu um passo na história do Brasil. Para mim a história se faz na práxis, na luta, no conflito, no antagonismo, na divergência. Eu não devo coisa nenhuma ao governo brasileiro por ter voltado, coisa nenhuma. Então como é que o senhor quer começar uma entrevista comigo na condição de eu aceitar a sua interpretação da história que é absolutamente irreal? Não dá". E ele disse: "É, realmente não dá". E acabou a entrevista, que nunca deve ter ido ao ar. Nesse caso fui realmente duro. Mas concordo com o Gadotti, às vezes em alguns debates a agressão pode provocar o limite da sua arma de defesa também. Às vezes é preciso até se antecipar à agressão e ser duro, concordo com isso. Mas a paciência continua. Para mim não há como perder a paciência na luta. Como já disse outras vezes, não há como ser ou só paciente ou só impaciente.

GADOTTI — Esse caso ilustra novamente a grande associação que existe entre o político e o pedagógico. Ao descer em Viracopos você não deixou de ser educador. Nessa situação, na sala de aula, numa conferência, num grupo popular, no partido, você não deixa de ser educador, é *educador em todo lugar* pois este é um trabalho que não se faz especializadamente. Não existe especialista em educação, existe educador ou não, e uma das características básicas é essa paciência, que não é só psicológica, não depende do humor do momento. É uma paciência como postura política, que acompanha todos os atos, em qualquer situação em que se encontre.

SÉRGIO — Outra curiosidade minha: uma vez recolhidas essas questões durante as andanças de vocês pelo país, como é que aconteceu o trabalho seguinte? Que tratamento foi dado a elas?

8. Núcleos temáticos centrais

GADOTTI — Eu colecionei, ou melhor, pegava as perguntas e colocava numa caixa de sapatos, quando chegava de viagem. E fui acumulando até meados de 1983. No segundo semestre de

1983, peguei essa caixa de perguntas e solicitei a duas alunas do curso de Pedagogia da PUC que estavam fazendo comigo a disciplina de Relações Sociais na Escola — Marta Cristina A. Baptista e Débora de Andrade, que fizessem uma análise das perguntas comigo.

O primeiro trabalho que elas desenvolveram foi ler as perguntas e tentar agrupá-las de acordo com os temas que elas mesmas formularam. O resultado desse trabalho foi um agrupamento de umas quatrocentas perguntas, já feita uma pré-seleção, em torno de seis temas gerais: 1) o *estudante*; 2) o *professor*; 3) a *escola* de um modo geral, colocando o problema da escola pública, particular, eleições nas escolas, ideologias na escola; 4) a questão da *pedagogia* vista em relação aos cursos de pedagogia, a pedagogia da libertação e a pedagogia do conflito; 5) os *especialistas*, no caso, dentro dos cursos de pedagogia: supervisor, orientador, diretor, a formação do especialista. E o tema mais geral, que seria o sexto, incluiria então a *educação* de um modo geral, a questão do poder na educação, educação de adultos, educação e economia, teoria e prática da educação, a questão da cultura e da educação, os partidos políticos e a educação, as diretrizes, bases e fundamentos da educação. Este sexto tema fecharia todas as questões relativas à educação de modo geral. Esse foi o primeiro trabalho em cima das questões.

SÉRGIO — Se tivéssemos que proceder à apreciação de cada pergunta e a cada uma delas dar a visão de cada um de nós, já não teríamos um volumezinho mas provavelmente uma verdadeira enciclopédia, um infindável rio de discurso a três. Por isso a observação que eu faria é que, por motivos práticos, não será possível nesse trabalho entrarmos na resposta direta a cada pergunta. Partiríamos delas como perguntas que chegaram a formular temas de base. Sobre eles discutiríamos.

GADOTTI — Acredito que essa é a melhor forma de trabalharmos. Com relação ao primeiro núcleo temático que a Martha e a Débora sintetizaram no tema "Estudante", o que me parece ser o problema central a preocupar estudantes de Florianópolis, Manaus, Recife ou Belém, só para citar algumas das origens das perguntas, é a questão da *participação*, e, particularmente, da participação estudantil hoje.

CAPÍTULO II ▪

Educar: saber, participar e comprometer-se

1. Introdução: o tema da participação

GADOTTI — Esse "tema gerador" da participação estudantil poderia ser detalhado dentro das seguintes preocupações que se evidenciam na leitura das questões. Em primeiro lugar, a dicotomização que se costuma fazer entre o *estudo*, a tarefa do estudante, sobretudo do estudante universitário, de assimilar uma informação, de se aprofundar nas questões de conteúdo da sua formação específica, e a *participação estudantil*.

Entre as perguntas, por exemplo, eu podia destacar esta: "Como fazer os alunos entenderem que às vezes é preciso sacrificar algumas aulas para se aprofundar em coisas que não são relativas diretamente ao conteúdo da sua formação específica?"

Isso tem a ver com a preocupação dos estudantes que dizem: "Bom, não quero perder tempo com participação estudantil". E há outras perguntas: "Qual o caráter da greve estudantil como

Manifestação estudantil na Rua Maria Antônia (São Paulo), outubro de 1968. Em cima do ônibus: Luís Travassos (presidente da UNE) e José Dirceu (presidente da UEE).

Pergunta: "Como fazer os alunos entenderem que às vezes é preciso sacrificar algumas aulas para se aprofundar em coisas que não são relativas diretamente ao conteúdo da sua formação específica?"

formadora da consciência?". "O que fazer quando o próprio órgão de representação é contrário à participação?".

A variação em torno dessa questão da participação está nucleada na questão da própria democracia na universidade. Em suma, o núcleo das perguntas é notadamente a *participação* e a *democratização da universidade*. Poderíamos então começar, não a responder, mas a comentar esse tipo de preocupação que é revelado por essas perguntas. Elas têm um caráter não localista, mas nacional porque não podem ser individualizadas em uma ou outra instituição. Eu começaria por esse caráter pedagógico-educativo da participação política estudantil e, no caso de uma pergunta específica, da *greve*...

2. Caráter formativo da greve

GADOTTI — A greve é, evidentemente, um dos instrumentos possíveis de negociação e de pressão e não pode ser banalizada, no sentido de, em qualquer momento, recorrer a ela, porque na universidade ela tem um caráter também específico. A greve universitária é diferente da greve numa linha de produção onde se prejudica o patrão diretamente através de uma diminuição ou parada total da produção. Na greve universitária muitas vezes uma paralisação prejudica apenas o estudante. Eu não saberia dizer se ela é mais ou menos política, mais ou menos econômica, mas o seu caráter específico está em que não atinge diretamente a produção.

A greve universitária, portanto, dos professores ou dos estudantes, às vezes é uma "doce" greve, uma maneira de tirar umas férias no meio do semestre. E isso é um problema. Para quem participa conscientemente, para quem assimilou a participação numa greve como uma coisa decisiva e importante para a democratização da educação, da sociedade, para buscar e ampliar o espaço da educação, por mais verbas, como já houve várias greves nesse sentido, enfim, para quem tem essa consciência, ela é um instrumento precioso na formação política do estudante, na formação do cidadão. Quando a greve expressa esse nível de consciência ela permite um ganho muito maior de formação.

Concretizando, vejamos a participação de um trabalhador numa greve: ele tem não só o trabalho de ir às assembleias, de participar diretamente no movimento interno da greve, mas também o de explicar a paralisação à comunidade e pedir apoio financeiro ou gêneros alimentícios para o fundo de greve.

Imaginemos um trabalhador de uma fábrica que vai até a porta de uma casa pedir um auxílio para a continuidade da greve, para manter o trabalhador com um fundo de greve, e encontra a dona de casa ou a empregada, ou mesmo um outro trabalhador. Essa situação exige um trabalho de explicação que, por sua vez, tem um efeito de conscientização e formação: o trabalhador em greve tem que explicar que não está pedindo esmola. Ou seja, ele deve conseguir mostrar que um gesto de ajuda material é uma maneira de colaborar para a melhoria das condições de trabalho de todos e para a democratização da sociedade em geral. Com esse trabalho, que é feito tanto numa greve de trabalhadores na produção como numa greve universitária, há um ganho incrível em termos de formação política.

Na greve dos professores da Unicamp, em 1979, fui nos pontos de ônibus de Campinas para distribuir uma "Carta à população" em que se explicava por que a universidade estava parada. A Unicamp estava paralisada porque havia uma intervenção, um ato arbitrário do Governador Paulo Maluf, com destituição de diretores de institutos e faculdades. Ou seja, havia uma intervenção política dentro da universidade e se justificava plenamente a greve: tratava-se de paralisar e concentrar todas as atividades na luta contra essa intervenção, que não se localizou só na Unicamp. Minha recordação mais marcante é a do que ocorreu quando, na avenida Francisco Glicério, em Campinas, às seis da tarde, distribuía folhetos à população nas filas dos ônibus, e explicava por que estávamos parados. Um trabalhador me perguntou: "Mas você ganha um salário melhor do que o meu, como é que você pode estar parado? E quando vou ao hospital da Unicamp vocês me atendem mal lá, tenho de entrar em fila, igual no INAMPS". Eu tinha então de explicar a relação que havia entre a Unicamp e o INAMPS, ou seja, tinha que mostrar a questão da saúde. No caso da educação chegaram até a me falar: "Você é da Faculdade de Educação? Você é professor? Como você explica que eu não consiga botar meus filhos na escola?" Havia, assim, uma cobrança do compromisso da universidade para com a população. Concluindo, a greve pode ser instrumento de avanço, da *formação política* individual e de avanço da universidade no sentido de se comprometer cada vez mais com a população. Uma greve justificada e bem conduzida nunca fica isolada, ela se expande, se enraíza, e devido ao seu caráter de formação eu seria francamente favorável a ela como um momento privilegiado de formação do próprio estudante.

SÉRGIO — Em relação não apenas aos problemas da greve, mas a todas estas questões que se agrupam em torno da participação do estudante, eu teria um comentário a fazer sobre essa concepção estanque que separa, de um lado, um currículo, um programa, uma série de atividades que aguardam o estudante e que constituem a essência da sua formação universitária, e que põe à margem a vivência do estudante como cidadão, como elemento que ainda não está produzindo, trabalhando, mas investindo tempo na sua formação. Essa concepção dicotômica burocratiza as várias dimensões do ser estudante, ser cidadão, ser jovem, ser homem, ser mulher etc. E ao se burocratizarem as práticas de todas essas dimensões do ser, muitas vezes se condena, por exemplo, o fato de se assumir uma posição de greve como estudante ou como professor. Na greve, segundo essa visão, o exercício da prática de conteúdos e do cumprimento de programas de formação das competências estaria sendo deixado de lado em prol do exercício do *direito político de cidadão*. Muitas vezes se contrapõe uma coisa à outra.

Antes de vir para cá estava conversando com uma amiga, professora, que tem sua filha numa escola pública de 1° grau onde também ocorreu uma greve esse ano. E ela me contava o problema atual da filha que, ao meu ver, confirma essa visão como ainda presente nas escolas. Os professores explicaram a razão da greve não apenas aos alunos, mas aos pais. Houve um trabalho de sensibilização, de entendimento, e, nesse ponto, a greve foi bem conduzida. Mas depois de 21 ou 22 dias corridos sem aulas, quando a greve terminou, o que houve? Os professores, preocupados em compensar o tempo perdido no cumprimento dos programas, aceleraram a programação, o que fez com que as crianças tivessem muito mais tarefas, por causa do atraso havido em função da greve. É preciso, portanto, ter uma visão clara de que, quando se faz greve numa escola, é fundamental levar em conta um processo de andamento programático posterior que considere a paralisação, de modo a não sobrecarregar os alunos.

3. Concepção "palmar" do conhecimento

PAULO — Mas isso ocorre porque, antes de os professores participarem legitimamente de um movimento de greve para reivindicar o que lhes está sendo negado, antes existe uma compreensão burocrática do programa e do ato de conhecer. Num dos nossos diálogos do 2° volume do *Sobre educação* fiz uma ironia dizendo que a formação científica do educando é medida por palmos de conhecimento que correspondem a um semestre, a dois ou três meses...

SÉRGIO — *Palmos de tempo* e de *conteúdo*.

PAULO — ... e quando chega o fim do ano a Secretaria da Educação, através de seus organismos, de seus medidores, quer saber se os alunos chegaram ao fim do ano com os três palmos de conhecimento que tinham sido previstos na programação. Se os resultados revelam apenas dois palmos e meio, o meio palmo que falta é exatamente o saldo negativo da greve. E a falta desse meio palmo de conhecimento é atribuída ao professor. Mas, se o professor não usa o dever de ter o direito, ou o direito de ter o dever, de entrar numa greve para reivindicar o que lhe é ilegitimamente negado, ele falha como cidadão, deixando ainda de conhecer algo que lhe é fundamental como professor. Essas questões não podem ser vistas parcialmente porque só têm sentido numa *totalidade*. Se a greve cria problemas, como no caso da sobrecarga de tarefas para as crianças, que o Sérgio relatou, eles são gerados exatamente pela compreensão "palmar" do conhecimento.

No entanto, a greve se impõe social e necessariamente como caminho de *conhecimento político* e de *experiência política*. A análise que o Gadotti fez sobre o *caráter formador da greve* é incontestável.

Quando um estudante entra e milita numa greve, quando ele se mobiliza e, nessa medida, se organiza enquanto estudante com outros estudantes, participa de uma espécie de movimento interno do processo de mobilização que em si mesmo é altamente pedagógico. É aí que se dá muito da educação. Muita gente diz que o estudante que faz isso não está aprendendo. Mas quando ele "perde" quinze a vinte dias de aula numa greve, essa interrupção não é propriamente uma interrupção no aprender mas no processo de receber conteúdos, o que é bem diferente.

BETO FLORÊNCIO/Arquivo da APEOESP

Assembleia do Magistério do ensino público do Estado de São Paulo. Ginásio Esportivo do Ibirapuera (São Paulo), 11 de abril de 1984.

"Foram dezessete dias de greve com duas assembleias por semana, toda quarta e sábado. Foi um movimento crescente pela valorização do trabalho do professor... os professores tinham dado lições durante aqueles dezessete dias, só que eram lições de democracia."

Numa concepção "palmar" do conhecimento, o que não se vê é que quanto mais o estudante participa de uma greve num nível crítico de compreensão dela, dos seus fundamentos e objetivos, tanto mais ele desenvolve em si essa consciência política que o move na sociedade civil de que ele participa. Ao crescer desse ponto de vista, ele cresce também na responsabilidade para superar o período em que estava mais na greve do que na biblioteca, e ele mesmo parte para essa superação. O aumento do saber político se expressa numa consciência mais lúcida, mais crítica da sua participação necessária enquanto cidadão para transformar uma sociedade injusta como essa. Esse tipo de saber, de consciência política, o leva a perceber muito mais facilmente a necessidade daquele palmo de conhecimento, no campo da ciência, da técnica etc., e aí possivelmente ele descobrirá o caminho de suprir o tempo em que se envolveu mais na ação política da greve do que nos seminários.

4. Greve: aulas de democracia

GADOTTI — Aliás há uma greve recente que deveria ser mencionada. Talvez a maior de todos os tempos na educação brasileira: a *greve do magistério público* do Estado de São Paulo, que teve assembleias com cerca de cem mil professores numa categoria de 180 mil. O movimento cresceu rapidamente. Foram dezessete dias de greve com duas assembleias por semana, toda quarta e sábado. Foi um movimento crescente pela valorização do trabalho do professor e para reivindicar cinco referências no quadro de progressão funcional do magistério, que tinham sido retiradas durante o governo Maluf. Esse movimento marcou profundamente a escola pública no Estado de São Paulo porque conquistou uma grande qualidade: a unidade das várias entidades, a APEOESP (Associação dos Professores do Ensino Oficial do Estado de São Paulo), a UDEMO (União dos Diretores do Magistério Oficial), a APASE (Associação Paulista dos Supervisores de Ensino) e o CPP (Centro do Professorado Paulista). A burocrática Lei 5962 prevê a necessidade de 180 dias letivos, no mínimo, 180 palmos de tempo, para cada ano escolar. Pois bem, apesar da sábia medida do então Secretário da Educação Paulo de Tarso de deixar a critério das escolas a reposição ou não das aulas, o interessante é o argumento que o Gumercindo Milhomem Neto, presidente da APEOESP, utilizou para não repor as aulas: os professores tinham dado lições durante aqueles dezessete dias — "lições de democracia."

PAULO — É exatamente o que eu acho.

GADOTTI — Esse argumento, no fundo, é o de que a democracia também tinha que fazer parte dos currículos e que aqueles dias de paralisação deveriam ser contados como dias letivos porque neles os professores deram aulas de democracia.

PAULO — O que vai ficar na história é a luta fantástica do magistério e não se se estudou ou não que Pedro Álvares Cabral descobriu o Brasil — aliás, nem descobriu, conquistou.

SÉRGIO — Essa questão da greve e da *participação do estudante* me traz à memória meu tempo de estudante universitário, durante o governo Médici, período absolutamente cavernoso.

Foi uma grande noite histórica, de 70 a 74, e não posso dizer que naquela época tenhamos tido na universidade uma ambiência prática de educação política, de exercício da política. Haviam montado um esquema de repressão bastante violento, que chegava até à gravação de aulas de pós-graduação, pela polícia política. Nessa época, apesar do centro acadêmico, que lutava, não se via uma grande participação política nem movimento de greve. Pudera! Mas depois, já em Lyon, como professor, durante os três anos em que lá estive, pude presenciar grandes movimentos grevistas que atingiam toda a França e que não eram apenas de dez, vinte dias. Em função dessas greves vividas com os alunos — intensamente, inclusive, já que para mim era novidade — teria hoje pelo menos dois pontos a destacar.

Em primeiro lugar, o fato de que, na prática, esses momentos de greve em que há uma aparente *paralisação das atividades* são momentos em que se desenvolvem atividades culturais, com músicas, exposições, debates, conversas entre as pessoas. Isso fazia com que mesmo aqueles que não militavam diretamente na greve e os que não estavam conscientizados da sua importância, tanto alunos como professores, fossem atraídos por esse conjunto de atividades paralelas que só nos momentos de greve se desenvolviam.

Em segundo lugar, como o Gadotti já disse, a greve é um *instrumento de negociação* e, assim, pode tanto ser bem como mal utilizado. E o que notei é que é fundamental saber determinar quando uma greve deve ser suspensa. Às vezes uma radicalização das reivindicações diante do negociador pode paralisar completamente a negociação e levar o movimento a se arrastar e a desgastar o moral dos grevistas e da própria população, o que leva ao comprometimento da validade inicial da greve. Não saber quando parar uma greve é uma forma de levá-la ao esvaziamento e ao esgotamento dela própria como instrumento de negociação. Além de, nesses casos, provocar o amargo sentimento da derrota.

GADOTTI — Realmente, entrar em greve é até certo ponto fácil. O problema é saber quando sair, quando parar o movimento, o que exige uma avaliação constante. Isso depende do papel político dos comandos de greve, da seriedade com que eles levam à frente sua *militância* e seu *engajamento*. Mas uma universidade paralisada por um movimento grevista revela as contradições que você destacou e que eu retomo. Uma greve revela os *vazios da universidade*, isto é, o quanto ela é vazia em termos de *atividades culturais*, de *atividades democráticas*, revela ainda a expectativa do estudante universitário em buscar uma formação mais ampla dentro da universidade. É no momento da paralisação que essas contradições são reveladas. E aparece a necessidade de trazer o Milton Nascimento, como no caso da greve da Unicamp, de trazer o Paulinho da Viola, de desenvolver atividades de exposições de trabalhos de alunos. É incrível como as atividades dos alunos aparecem numa situação de greve. Por exemplo, os que tocam violão, os que têm poesias, os que fotografam, enfim, toda uma atividade submersa e que devia estar no currículo precisa de uma greve para emergir. Isso tudo, mais uma vez, referenda o caráter extremamente formativo da participação em uma greve.

Um segundo momento dessa análise que estamos fazendo diz respeito a um outro caráter da *participação* que não é propriamente a greve, mas o caráter da universidade. Uma das funções da universidade é debater os grandes temas nacionais, que obviamente não constam de um currículo estruturado porque esses temas surgem e variam em função do próprio desenvolvimento da sociedade. A participação dos estudantes através dos seus centros e diretórios acadêmicos, através das suas entidades, é uma participação não só política mas também cultural. A realização efetiva dessa função da universidade exige uma participação muito grande dos estudantes. Considero que é assim que a universidade se legitima: não só por ensinar bem, mas também por atender a essa ansiedade da própria população. Nesse sentido, a participação do estudante é um modo de inserção não só nas suas entidades e na universidade, mas também um modo de inserção nos problemas da sociedade como um todo.

A universidade tem uma vocação que eu chamaria "regional". É lógico que existe um saber universalmente válido, devendo ser válido em todos os lugares, a universidade tem um caráter universal; mas a legitimidade desse saber e da universidade só pode se concretizar na sua vocação regional. Não entendo uma universidade que se desligue totalmente dos problemas da região, por exemplo, uma universidade no Amazonas que estude as mesmas questões que são estudadas na Universidade de São Paulo. Certamente há problemas idênticos, mas cada universidade deve ter os traços específicos da sua região.

Nesses vinte anos, uma das características da chamada universidade autoritária é essa tentativa ditatorial de uniformizar todas as instituições de ensino superior para poder exercer maior controle. Esse controle seria mais difícil se o poder "relaxasse" a disciplina e abrisse maiores possibilidades para a autonomia universitária. Por exemplo, o Decreto 6733 facultava ao presidente da República a nomeação direta dos reitores das universidades federais e fundações. Recentemente esse Decreto foi revogado e hoje o presidente recebe uma lista sêxtupla indicada pelo Conselho Universitário. A situação não mudou muito mas houve um pequeno avanço. O ideal da universidade seria que houvesse segmentos organizados, não só os Conselhos Universitários, mas segmentos de funcionários, professores e alunos, que tivessem uma participação efetiva na escolha dos seus dirigentes: não só na escolha dos *nomes*, mas sobretudo na escolha de um *projeto*. Só uma universidade autoritária é cumpridora de programinhas preestabelecidos, só uma universidade autoritária é uma universidade pacífica. A universidade deve ser mesmo um *lugar de conflito*, de *confronto de posições*, e isso só é possível através do *debate*, da *crítica*, da *autonomia*, da *participação*, que são os princípios mesmos da democracia.

Considero que agora vivemos um momento histórico de evolução das universidades, de busca de sua autonomia, e de conflito.

É o caso, por exemplo, da UNESP (Universidade Estadual Paulista), que não consegue ter um reitor porque o Conselho Universitário não envia ao governador a lista que resultou de uma consulta à comunidade: há um conflito entre o Conselho Universitário e os diferentes segmentos que a compõem, professores, alunos e funcionários. Há um impasse entre a legitimidade e a legalidade. De um lado, o governador não pode se apoiar na lista da comunidade porque há uma norma que prevê que sua escolha deve ser feita em cima de uma lista sêxtupla enviada pelo Conselho Universitário. Por outro lado, o Conselho Universitário não referenda a lista da comunidade. O que é legítimo, assim, não é legal. Legalmente, o governador deveria escolher um da lista sêxtupla, o que a comunidade não aceita. É interessante esse processo porque neste momento se revelam as contradições entre a comunidade universitária e o Conselho Universitário. Quando o estudante começa a falar e a votar, quando ele começa a praticar a democracia, realmente, os mecanismos autoritários começam a aparecer, e os antidemocratas, antes confessadamente democratas, começam a reprimir e até a chamar a polícia para dentro do *campus*. A participação estudantil, para mim, é o motor da transformação e da democratização da universidade.

5. Universidade e autonomia

SÉRGIO — Com relação a essa prática autoritária das universidades brasileiras, o incrível é que nossas universidades não têm sequer um século. Foram fundadas no Brasil num momento em que outras universidades já completavam séculos de tradição, com todo um peso normativo, ritual, e com uma série de entraves históricos dificultando, por vezes, o exercício da democracia moderna. Ora, é impressionante como, num país como o nosso, instituições ainda não seculares já tenham comportamentos e rituais acadêmicos muito semelhantes aos das universidades seculares.

GADOTTI — As universidades seculares, como a de Heidelberg por exemplo, na Alemanha, com mais de seiscentos anos, nunca precisaram recorrer ao estatuto para se sentirem universidades: depois da Segunda Guerra Mundial, os americanos requisitaram os estatutos da universidade e eles não foram encontrados. Durante seiscentos anos não se consultaram os estatutos para ter um reitor, porque era consenso que ninguém jamais aceitaria ser reitor da universidade sem o consentimento dos professores e dos alunos.

SÉRGIO — Sim, mas é uma universidade autônoma.

GADOTTI — E na Idade Média houve casos de estudantes escolhidos para serem reitores. A universidade, portanto, nasceu num berço de *liberdade* e de *autonomia*. Depois é que ela foi institucionalizada e utilizada como mecanismo de controle do saber, de formação de quadros apenas para a burocracia. É o caso, por exemplo, do modelo napoleônico, que procura atrelar a universidade ao Estado. A quebra dessa concepção de universidade certamente não virá de cima, do regime. Ela só pode vir através de uma grande pressão da participação estudantil e dos professores.

SÉRGIO — Eu gostaria de retomar aquela observação que fiz sobre o fato de as universidades brasileiras, ainda tão novas, já se comportarem como velhas. Vou retomar para esclarecer o que pretendia com ela. Além de todas essas pressões feitas sobre a universidade, pressões externas ao organismo universitário, pressões do governo através do Ministério da Educação, através das normas e diretrizes do Conselho Federal de Educação, por vezes cerceadoras da liberdade e da autonomia universitárias, além dessas forças que pressionam de fora do organismo universitário, as nossas universidades têm também no seu interior forças de uma tradição que ainda não tem um século mas que tem peso, e que, por isso mesmo, muitas vezes emperram o exercício da própria democracia interna. Temos rituais acadêmicos com fervorosos adeptos, dentro da própria relação didático-pedagógica, perpetuando, por exemplo, a pompa das cerimônias de defesa de teses, provas de título etc. Um sem-número de regulamentações, portarias e normas da própria universidade dificulta o exercício de uma *democracia interna*, aberta à participação de professores, alunos e demais funcionários.

GADOTTI — O debate da questão da relação entre universidade e democracia não foi esgotado: dentro desse tema há o problema da impossibilidade de uma universidade democrática num regime autoritário. Mesmo que se fizesse uma ilha de democracia na universidade, não teríamos uma universidade democrática. A universidade é uma parte da sociedade e pode ser até um fator de sua democratização, mas ela é muito mais um produto da própria sociedade.

6. Participação democrática não implica falta de rigor científico

GADOTTI — Sérgio, Paulo, gostaria de deslocar um pouco a discussão para algo que vejo crescer no meio universitário: a ideia de que haveria uma contradição entre o caráter da participação na universidade e aquilo que é chamado de *rigor acadêmico*. Esse é um debate que está muito vivo dentro da esquerda hoje.

PAULO — Em primeiro lugar o rigor científico, o rigor acadêmico, não é uma categoria metafísica. Ele é uma categoria histórica, assim como o saber tem uma historicidade. A ciência que exige rigor, não é nenhum *a priori* da história. A ciência se constitui na história, como nós nos constituímos historicamente. A ciência é uma criação humana, histórica e social. Por isso mesmo é que todo conhecimento que surge é produzido agora, por exemplo, ao nascer já traz o "testamento" que ele faz ao outro conhecimento que cedo ou tarde virá a superá-lo. Sempre vai haver uma outra novidade amanhã que supera o novo que emerge hoje e que terá então envelhecido. Ora, o rigor está exatamente nos procedimentos com os quais nos acercamos do objeto para dele alcançarmos um conhecimento mais e mais exato.

A *rigorosidade*, enquanto aproximação metódica do objeto do qual nos oferece um saber cabal, não nasce de repente. Forja-se na história e implica uma prática em cuja intimidade há sempre a possibilidade de superação de um procedimento ingênuo anterior, tido, porém, porque válido, como crítico. A natureza histórica da rigorosidade e da exatidão dos achados, sem as quais não há ciência, explica, por outro lado, a historicidade do conhecimento. O que pode ocorrer é que algumas pessoas se sintam inseguras quando descobrem que a ciência não lhes dá um conhecimento definitivo e se perguntem: "Sendo assim, o que é que eu faço?" Para mim, no momento em que se experimenta essa obviedade cresce a curiosidade e a busca de um maior rigor na procura de achados mais exatos.

Não vejo, Gadotti, como podemos associar a participação democrática dos estudantes na intimidade da universidade com perda de rigor, como também aceito um outro tipo de relação quase nunca explícito — a relação entre autoritarismo e rigorosidade.

Por isso mesmo, não me situo entre os que pensam que a democracia estraga. A participação democrática para mim não estraga nada. O que acontece entre nós é que temos uma tal tradição de autoritarismo que até democratas liberais que falam forte e grosso sobre democracia terminam às vezes por expressar um certo medo de que a presença do povo nas ruas termine por estragar a democracia. Da mesma forma, para alguns professores, no momento em que os corredores das faculdades fazem algo mais do que servir de acesso às salas de aula, a ordem periga e a seriedade desaparece.

Para mim, combater o afrouxamento, a superficialidade, o "deixa como está para ver como fica" e, ao mesmo tempo, estimular a responsabilidade do estudante no desempenho da tarefa fundamental na universidade — a de estudar, o que não se faz sem a criação de uma rigorosa disciplina, não significam a negação da participação democrática do estudante. Espero que tenha sido claro.

GADOTTI — Sim, e foi especialmente claro na sua interpretação da "democracia" sem o povo.

A título de exemplo vejamos as eleições de 1982. Em São Paulo ganhou uma proposta, não este ou aquele partido. Não foi o PMDB que ganhou. Quem ganhou foi a proposta levada à frente pelo PMDB: *participação*, *descentralização* e *geração de empregos*, os três eixos da campanha do Montoro. A *geração de empregos* não foi alcançada porque é uma questão maior que São Paulo. Afinal, São Paulo não é maior que a crise, o contrário do que dizia tempos atrás um *slogan* do novo governo paulista.

PAULO — Um *slogan* que expressava a arrogância da classe dominante deste país...

GADOTTI — Do ponto de vista prático-político, São Paulo não é maior que a crise e o trabalhador entendeu que só com a derrubada do modelo econômico é que seria possível a geração de empregos. Quanto à *descentralização*, ela não pode ser feita sem recursos. Não há como descentralizar as responsabilidades sem descentralizar as condições para que ela se efetive. O maior problema que o governo do estado de São Paulo está enfrentando, em relação à contradição entre o discurso e a prática, está na *questão da participação*, que é o núcleo do nosso presente debate. A participação é um desejo que vem de anos, desde os governos ditatoriais, e a proposta da campanha Montoro repercutiu muito bem por ter sido centrada nela. Tomando posse, o governo criou mecanismos de participação: criou uma *Secretaria de Participação e Descentralização*, e, através de um decreto, o governador criou o *Fórum de Educação do Estado de São Paulo*, que atendia a uma antiga reivindicação de participação dos educadores e dos estudantes na elaboração da política educacional. Várias atividades estaduais foram desenvolvidas para que os educadores do estado de São Paulo, ligados à rede estadual de ensino, pudessem levar as suas propostas, mas elas vieram de forma muito crítica. No momento em que a crítica se estendeu a setores do governo, este reagiu. Quando a participação não foi laudatória, quando ela não foi para bater palmas às atitudes do governo mas para fazer críticas, ele começou a recuar na sua proposta e a cortar, inclusive, secretários, como foi o caso do secretário da Educação. Este caminhava para uma aplicação concreta da proposta do governo para o qual foi eleito, a proposta de participação, a proposta de que não se deveria elaborar uma política, no caso uma política educacional, sem a participação do magistério.

7. "Daqui para a frente decreto a participação..."

Por outro lado, deve-se observar que há uma mudança de qualidade na participação hoje: os canais dos partidos políticos são muito estreitos para poder conter todo o desejo de participação da sociedade.

PAULO — Como sei que voltaremos a esse assunto quando nos debruçarmos sobre o tema da política e da educação a nível dos partidos, só gostaria de registrar que o Gadotti captou muito perceptivamente o papel dos movimentos sociais e políticos populares que hoje transcendem, explodem a estreiteza e o tradicionalismo dos partidos, de direita ou de esquerda. Partidos que para mim não emplacam o fim deste século se não aprenderem com os movimentos sociais.

SÉRGIO — Exato. Voltando ao governo do estado de São Paulo e à sua proposta inicial de participação, eu destacaria o problema da remuneração dos professores, ao qual o governo paulista não foi suficientemente sensível. Assim, não é apenas no plano da proposta de participação que houve recuos, mas também na questão crítica de se remunerar decentemente nossos professores. Todos os argumentos contrários aos argumentos que demonstravam o empobrecimento dos professores ficaram a cargo da Secretaria do Planejamento, foram apresentados pelos homens das finanças. Como se o pagamento decente de professores e funcionários dependesse mais da disponibilidade de caixa do governo ou de uma empresa, do que do direito a uma remuneração condigna.

PAULO — Mas o outro lado poderia contra-argumentar: "Muito bem, nós consideramos também que é justo, só que não temos três trilhões", vamos admitir assim. "Não podemos dar um cheque em branco." Isso ocorre.

SÉRGIO — Para evitar isso, uma boa solução, seguindo nessa linha e de uma forma irônica, chegou a ser discutida nos gabinetes: seria melhor municipalizar o ensino, de forma que o estado não tivesse mais que suportar nas praças da capital centenas de milhares de professores, e que isso fosse desaguar nas praças municipais, com os professores discutindo com seu prefeito. Este é apenas um exemplo de como se desvirtuam, por vezes, propostas sérias de descentralização do poder no ensino.

PAULO — O aparte que eu dei não pretendia contrariar o seu argumento. Ao contrário, acho que o primeiro problema de um governo, ao nível da educação, seria discutir a própria participação, a nível pedagógico e político, seria discutir com as entidades da categoria, com caneta na mão, as possibilidades concretas e imediatamente demonstrar através de um salário mais digno o respeito que tem por seus professores. No primeiro volume do *Sobre educação* eu disse esperar que, das eleições de 82, surgissem muitos governos de oposição, mas que esses governos não fossem apenas novos governos, mas governos realmente novos, que encarassem toda a problemática ventilada nas campanhas de uma maneira realmente não velha.

GADOTTI — A participação envolve realmente todo esse quadro. Começamos o capítulo puxando um fiozinho, o da participação estudantil, que está ligado a outros, o da participação do trabalhador, do funcionário, do docente, da universidade, enfim, da sociedade. Partimos do particular e encontramos nesse particular todo o geral.

SÉRGIO — E se puxarmos o próximo fio? Se levarmos em conta as perguntas organizadas em temas, qual seria, Gadotti, o fio seguinte dessas questões todas?

Capítulo III

Educar e reinventar o poder

1. Introdução: qual é o papel do educador hoje?

GADOTTI — O professor é tema de numerosas perguntas e como, em geral, o público que participou desses encontros que fizemos era professor, educador, especialista em educação, pedagogo, a interrogação sobre o papel do educador, hoje, me parece que é o núcleo central da preocupação que orienta essas questões. É uma interrogação que vem de Norte a Sul; qual é o papel do educador hoje, na sociedade que temos aí? Evidentemente este fio puxa outros: as questões históricas do professor nesse país: as condições de trabalho, a *remuneração*, as salas superlotadas etc. As *condições de trabalho* nucleiam as reivindicações históricas básicas.

Mas além destas, e relacionadas com elas, há por exemplo a questão da interferência da *política partidária* nas escolas, nas nomeações diretas de professores, portanto, a politicagem. Há o problema da *autoridade*, da *liberdade*, a questão da *disciplina*, da *avaliação*, da nota, que estão relacionadas com a questão básica da autoridade e do autoritarismo.

Há também o problema da *qualificação*, da *preparação do professor*, que está ligada ao *compromisso político do professor*, isto é, à dialética entre o professor enquanto técnico e o professor enquanto político. Essa dialética definiria o próprio *papel do professor diante da sociedade* que ele quer mudar. Essa é uma questão histórica também, e no fundo é dela que o Paulo Freire tem tratado. Veja-se, entre outras coisas, o diálogo dele com o Ivan Illich em Genebra, sobre se a escola pode ser transformadora ou se ela é reprodutora. Aliás, esta é uma das questões mais graves da década de 70 neste país: a *teoria da reprodução* e da educação como *salvadora da sociedade*.

2. O que fazer "enquanto a mudança não vem?"

SÉRGIO — E, na perspectiva do professor, o que ele pode fazer em sua sala de aula "enquanto a mudança não vem" como se costuma dizer?

GADOTTI — Esta relação entre educação e sociedade é uma relação que persiste, complicada de equacionar, com a qual o professor hoje está preocupado. A questão política reaparece constantemente: até que ponto o professor deve ser um político, até que ponto ele deve ser um técnico? Ele deve se ater aos conteúdos? Deve trabalhar as questões políticas dentro da escola? Na relação escola-comunidade, até que ponto as APMs são responsáveis pela educação que o Estado deveria financiar? Qual é o tipo de participação das APMs? Há também uma insatisfação em relação à participação do professor, como vimos em relação ao aluno, em que é notado um certo imobilismo.

Esse inventário de questões já vem sendo tratado há muito tempo por outros educadores. Evidentemente, não poderíamos aprofundar a resposta a todas elas. O melhor seria partir de um fio condutor e tentar, sem reproduzir o discurso já feito, determinar um enfoque mais atual à luz de todo o itinerário já feito até aqui por nós três e por outros educadores. Na minha opinião, a ideia norteadora nesse capítulo deve enfocar essas questões a partir das respostas que os educadores estão esperando hoje para elas, e não das respostas que foram dadas ontem.

A questão da autoridade está posta desde os primórdios da educação. É uma questão central, que reaparece sempre revestida de uma roupagem nova: agora ela envolve a questão do autoritarismo e a do papel político do professor. Em cada época parece que as mesmas perguntas voltam, só que voltam com uma roupagem nova.

SÉRGIO — O papel do educador, por exemplo, já é quase um clichê. Quem não fala disso? Quantos cursos já não foram feitos sobre o papel do educador?

GADOTTI — Sobre a formação do educador, o que acho interessante observar é que sempre há uma insatisfação. Até que ponto essa insatisfação não é própria da atividade educativa? Uma insatisfação de não atingir plenamente a totalidade do seu papel. Se nós nos perguntamos sempre, será que não é uma pergunta que sempre deve continuar? Qual é o papel do educador? Eis uma pergunta que não tem resposta definitiva.

PAULO — Estou plenamente de acordo com essa inquietação, porque o papel do educador não pode ser reduzido a algo imutável. Não posso dizer: "Este é o papel do educador". Ele é *histórico*, *social*, em outros termos, não está inserido na natureza do *ser educador*.

Não há uma categoria abstrata cuja essência eu encontrasse e disesse: esse é *o papel do educador*, que valeria para Pedro, João, Maria, no Japão, nos Estados Unidos e aqui. Numa sociedade de classes a papel do educador tem características específicas: há o que está a serviço da classe dominante e o que está a serviço das classes dominadas. É possível porém que haja uma espécie de ponto em que os dois se cruzam em certo aspecto, mas que não se identificam. Por exemplo, a questão de como tratar um conteúdo. Por exemplo: um professor reacionário de matemática e um professor revolucionário de matemática. O revolucionário não pode dizer que num sistema decimal 4 x 5 são 18 só para ser do contra, mas ele pode discutir o significado da multiplicação, da adição, da divisão numa sociedade capitalista.

Quem lucra com a multiplicação? Uma outra diferenciação no papel do educador remete ao próprio caminho de aproximação ao conteúdo: ao método de trabalho, ao método de conhecer. É claro que um educador reacionário opera metodologicamente diferente de um educador revolucionário.

GADOTTI — E o que os distingue, Paulo?

3. A posse do método como instrumento de poder

PAULO — Vejamos um aspecto simples. Um educador reacionário caminha metodologicamente muito mais como quem possui o objeto do conhecimento, que ele traz consigo e o transfere, que ele doa ao educando sabendo que aquela transferência é fundamental para o que ele considera ser a capacitação necessária do educando neste ou naquele domínio. E o educador reacionário é tão mais eficiente quanto mais clareza política ele tem em relação à opção de sua classe. O mesmo vale para o *educador revolucionário*. Por isso, os caminhos de ambos não podem ser os mesmos: um caminha com o objeto na mão, o objeto de conhecimento tanto quanto possível possuído por ele e por sua classe; o outro não se considera possuidor do objeto de conhecimento, mas conhecedor de um objeto a ser desvelado e também assumido pelo educando. Esta é uma distinção fundamental. Além disso, o educador reacionário controla o educando pelo poder sobre o método de que ele se apropria; o educador revolucionário tem no método um caminho de libertação, e é por isso que, na medida do possível, ele discute com o educando a apreensão do próprio método de conhecer.

GADOTTI — Paulo, acho que você está anunciando uma nova *concepção* de *revolução* que é diferente da concepção de revolução como tomada do poder. Gostaria que você aprofundasse isso. Do ponto de vista do marxismo, a revolução, a tomada do poder pela classe e o exercício da liberdade dessa classe, que Marx chamava de "ditadura do proletariado", era um passo necessário, fundamental, para a mudança da sociedade, para uma revolução maior.

Quando você trabalha a questão do professor reacionário e do professor revolucionário numa sociedade em transformação, para não dizer em transição, como se dizia há vinte anos atrás, é o sentido mesmo da revolução que você coloca nesta sua apresentação do professor revolucionário. Mas, numa concepção ortodoxa do marxismo, a passagem para uma sociedade socialista se dá por um período de imposição da liberdade da antiga classe dominada sobre a classe dominante vencida. Para nós, educadores, e para os trabalhadores, esta me parece ser uma questão crucial. Não dá para a classe dominada amolecer diante da classe dominadora. Porque não será pela moleza, pela indisciplina, pela malandragem que nós vamos conseguir conquistar o poder da classe dominante. Os educadores conscientes, que têm um compromisso político com essa classe, têm a preocupação de saber como se comportar, como ser professor no sentido não metafísico, ou seja, no sentido do compromisso do professor hoje para com a sociedade, para com a classe trabalhadora.

Esta é a preocupação subjacente ao *como* das numerosas questões: como os professores devem se comportar para não traírem os interesses políticos da classe dominada e como podem participar nesse salto para uma sociedade de iguais, para uma sociedade socialista? A concepção de revolução na tradição marxista inclui a "ditadura do proletariado", que hoje foi suprimida de numerosos programas de partidos comunistas, por exemplo, do Partido Comunista Francês, não por questões de negação de seu conteúdo, mas por questões histórico-culturais, porque a expressão "ditadura do proletariado" não é lida no seu texto original, na sua concepção original de exercício da liberdade do proletariado, mas como um cerceamento de todas as liberdades de qualquer cidadão em função de uma utopia de sociedade.

Em vista disso tudo, Paulo, eu gostaria de entender melhor o que é para você revolução. Lógico, sem precisar me dar uma receita ou uma data em que a revolução brasileira se realizará.

4. Não seria necessário reinventar o poder?

PAULO — É evidente que o problema da revolução implica o da tomada do poder das mãos da burguesia, que necessária e logicamente o usa em função de seus interesses. Assim como a burguesia fez a sua revolução tomando o poder da aristocracia que o usava em função dos seus interesses, hoje a questão da revolução passa pela tomada do poder dessa burguesia que se aristocratizou. A questão do poder político perpassa qualquer reflexão. No caso específico da educação, para mim é inevitável pensá-la sem pensar o poder. Neste fim de século, contudo, se coloca uma questão em torno do poder e da revolução que me inquieta profundamente.

E creio que não traio o pensamento do Weffort[5] dizendo que ele participa desta minha inquietação. E participa, para mim, enquanto excelente marxista, que ele é. Qual é essa inquietação em torno do poder? Acho que a questão que se coloca fundamentalmente hoje à revolução, portanto às classes trabalhadoras e aos intelectuais que com elas coincidem e que a elas aderem tentando aquilo que o Amílcar Cabral chamava de suicídio de classe, não é só o da tomada do poder da burguesia, mas o da reinvenção do poder. Não é possível apenas tomar um poder que, em certo sentido, na experiência do Estado burguês capitalista, adquiriu características que o viciam em muitos aspectos. Por exemplo, o autoritarismo, o golpe, o escamoteamento da verdade, a ocultação da verdade através da ideologia mesma desse poder. Não pretendo fazer uma metafísica do poder, que seria contraditória à minha perspectiva de que o poder é histórico e de classe, e não uma essência imutável. O que quero simplesmente dizer é o seguinte: através da história se constitui pelas mãos, corpo e dinheiro da burguesia, como expressão e à serviço dela, um poder burguês que desenvolveu uma quase-qualidade que de certa maneira passou a quase pertencer ou constituir uma espécie de essência: ao poder adere a qualidade de "ser poder" da burguesia.

A questão que se coloca às classes trabalhadoras, portanto, não é apenas a de tomar o poder da mão da burguesia, correndo o risco de, quase magicamente, obedecer a uma certa malícia da burguesia dentro do seu antigo poder. Observe como certas revoluções

---

5. WEFFORT, Francisco. *Por que democracia?* São Paulo: Brasiliense, 1984.

terminaram por sair das mãos das massas populares e retornar às da burguesia, por exemplo, a linda revolução boliviana, a mexicana, etc. Nesse sentido é que eu acho que o problema central é tomar e reinventar o poder, mas não ficar no tomar.[6] Nessa reinvenção do poder, ou as massas populares têm uma participação ativa e crescentemente crítica no processo de aprendizagem de serem críticas, ou o poder não será reinventado. O meu temor é que ele não seja reinventado. É óbvio que mesmo sem essa reinvenção ele já não seria um poder burguês. O meu temor é que, por não ter sido reinventado, ele possa vir a tentar as próprias lideranças revolucionárias, mais ou menos acomodadas à velha natureza do velho poder, e estas terminassem por se burocratizar, rejeitando a presença das massas populares de novo.

SÉRGIO — O que seria um *retrocesso da revolução.*

GADOTTI — Na sua exposição há uma interpretação gramsciana da questão do poder que se distancia da leitura de Lênin, isto é, a missão histórica da classe trabalhadora, na expressão de Marx, que é mudar a história, segundo Gramsci se daria através de uma reinvenção do poder. O exercício do poder do proletariado, ao contrário da ditadura da burguesia, se daria pelo convencimento (voltamos a ele), onde a sociedade civil, e não a sociedade política, o Estado, o poder do Estado, teria a hegemonia. Conforme a expressão de Gramsci, a sociedade civil seria "cimentada" com o Estado. Esse cimento criado pela sociedade civil, que hoje nós chamamos de movimentos populares, é que traria essa "sociedade regulada" (esta era a expressão usada por Gramsci). Essa reinvenção do poder corresponderia à "sociedade regulada" de Gramsci, em que os

---

6. A este propósito, ver Freire, Paulo; Faundez, Antonio. *Por uma pedagogia da pergunta.* Rio de Janeiro: Paz e Terra, 1985.

movimentos populares exerceriam o controle sobre o poder do Estado e garantiriam uma maneira diferente da burguesia de exercício do poder?

SÉRGIO — Só um parênteses, antes de continuarmos seu raciocínio. Há um problema que precisa ser submetido a uma crítica séria: o *centralismo democrático*. Este pode até ser historicamente explicável na União Soviética, mas é inegável que, em outros países de experiência socialista, essa opção tem apresentado inúmeras barreiras ao exercício de uma democracia popular.

PAULO — Para mim o caminho gramsciano é fascinante. É nessa perspectiva que me coloco. No fundo tudo isso tem a ver com o papel do chamado *intelectual*, que Gramsci estuda tão bem e tão amplamente. Para mim, se a classe trabalhadora não teoriza a sua prática é porque a burguesia a impede de fazê-lo. Não porque ela seja naturalmente incompetente para tal. Por outro lado, o papel do intelectual revolucionário não é o de depositar na classe trabalhadora, que também é intelectual, os conteúdos da teoria revolucionária, mas o de, aprendendo com ela, ensinar a ela. Neste ponto voltamos ao que já disse a respeito da diferença do método do educador reacionário e do revolucionário. Este, ao se tornar um pedagogo da revolução, e foi isso que Amílcar Cabral fez, faz o possível para que a classe trabalhadora apreenda o método dialético de interpretação do real.

5. A democratização do saber...

PAULO — Meu ponto de partida é que a classe trabalhadora tem dois direitos, entre muitos outros, fundamentais.

Primeiro, *conhecer melhor o que ela já conhece a partir da sua prática*. Ninguém pode negar que a classe trabalhadora tem um saber. Pois bem, é para conhecer melhor este seu saber que o intelectual revolucionário pode colaborar. Uma das tarefas do intelectual revolucionário é exatamente esta: a de possibilitar, através do desafio, da colaboração, da não possessão do método, mas da comunhão do método com a classe trabalhadora, possibilitar que ela reveja ou reconheça o que já conhece. E, ao reconhecer o que já conhecia, conheça melhor. O que significa esse "conheça melhor?" Significa exatamente, e agora eu citaria Mao Tsé-Tung, ultrapassar esse conhecimento que se fixa ao nível da sensibilidade dos fatos conhecidos, para alcançar a razão de ser dos fatos.

O segundo direito é o de *conhecer o que ainda não conhece*, portanto, de participar da produção do novo conhecimento. E não é possível participar da produção do novo conhecimento se não se tem o direito de participar da produção mesma. Por isso a questão não se resume em tirar da classe burguesa o poder sobre os meios de produção, que é fundamental, mas é crucial também que na revolução se comece a perguntar: produzir o que, para quem, contra quem e contra o quê?

Essas respostas não podem ser dadas, no meu entender, por um grupo de técnicos, a classe trabalhadora tem que dar palpite nisso, tem que decidir também.

Ora, para que se faça isso ao nível do conhecimento da realidade, ao nível da participação, não há outro caminho senão o de partir precisamente do lugar em que a classe trabalhadora se acha. Partir do ponto de vista da sua percepção do mundo, da sua história, do seu próprio papel na história, partir do que sabe para poder saber melhor, e não partir do que sabemos ou pensamos que sabemos. Se o ponto de partida está em nós, os chamados intelectuais,

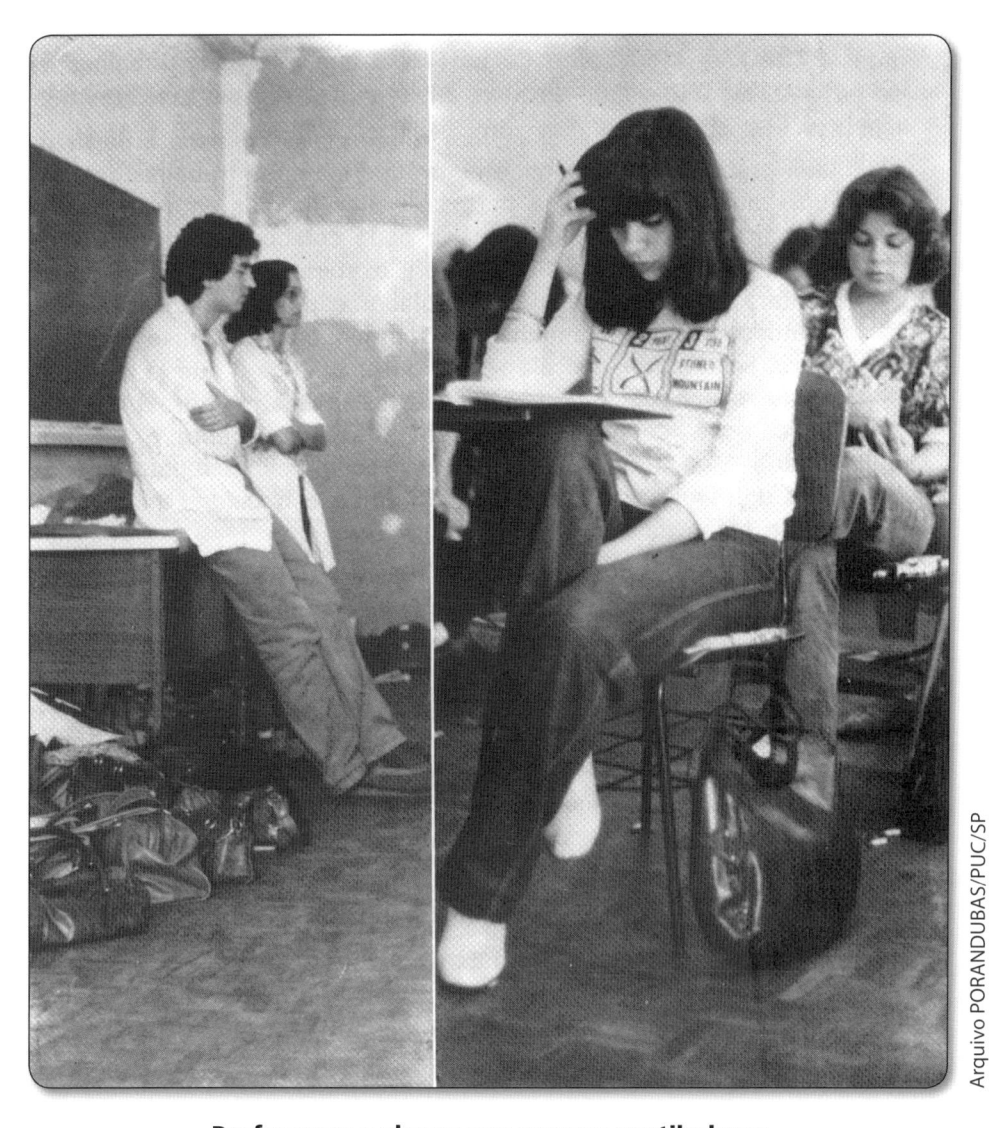

Arquivo PORANDUBAS/PUC/SP

Professores e alunos nos exames vestibulares

"Sem ter a pretensão de que através desse conhecimento ele vai derrubar a burguesia. O conhecimento do saber burguês não é um pressuposto da revolução. Assim como a greve do ABCD em 1980 não foi precedida por um curso para os 150 mil metalúrgicos que se reuniram no Estádio da Vila Euclides..."

não há nenhum outro caminho senão o do autoritarismo. Mas, se reconheço que o ponto de partida está na classe trabalhadora, no seu nível de conhecimento, o puro reconhecer desse ponto de partida necessariamente já é pôr à disposição da classe trabalhadora o método de conhecimento.

GADOTTI — Estou de acordo quando você fala da classe trabalhadora, mas, enquanto professor, sou professor dos filhos dela.

PAULO — E às vezes nem isso, porque na maioria dos casos somos professores dos filhos que não são ainda da classe trabalhadora.

6. ... se resume no acesso ao saber burguês?

GADOTTI — Vou me colocar no lugar do professor que fez a pergunta e é professor de escola pública, uma escola que hoje está relativamente democratizada em termos de oportunidade de acesso, não de permanência. Esse professor possui um conhecimento, e existe por outro lado um desejo do filho do trabalhador de ter acesso ao saber que hoje é posse do dominador. Então ele vai à escola, como dizia Gramsci, para adquirir um instrumento, a metodologia, capaz de reelaborar o seu próprio conhecimento e também de se apoderar do conhecimento que foi elaborado por toda a classe trabalhadora através dos séculos, mas que hoje é posse da burguesia. Então, além dos dois direitos da classe trabalhadora, que você colocou, eu acrescentaria o direito do filho do trabalhador hoje ter acesso, além da elaboração do seu próprio conhecimento adquirido no interior da sua classe, acesso e domínio do conhecimento que hoje...

PAULO — ... é instrumentalizado contra ele. Concordo totalmente com você.

GADOTTI — Sem ter a pretensão de que através desse conhecimento ele vai derrubar a burguesia. O conhecimento do saber burguês não é um pressuposto da revolução. Assim como a greve do ABC em 1980 não foi precedida por um curso para os 150 mil metalúrgicos que se reuniram no Estádio da Vila Euclides...

PAULO — Lógico, seria um absurdo.

SÉRGIO — Eu gostaria de fazer uma observação em relação a isso, porque há professores que, descontentes com a situação atual, defendem uma posição favorável às mudanças, com intenção progressista, e com uma concepção de que o saber burguês e os conteúdos que se ensinam nas escolas devem ser equacionados mais ou menos assim: é preferível que os filhos dos trabalhadores, os meninos pobres, a criançada de periferia e de favela recebam na escola os mesmos conteúdos, o mesmo saber dominante a que os filhos dos burgueses têm acesso. A solução do problema estaria em que as escolas de periferia, por exemplo, tivessem o mesmo tratamento do ponto de vista do desenvolvimento dos conteúdos. Desse modo, dizem aqueles professores, nós estaríamos permitindo que as crianças de periferia viessem a dominar todo aquele saber que até então era privilegiado em algumas escolas burguesas, e isso lhes daria um instrumento de luta. *Ao se apropriar do saber dominante*, eles dominariam.

Ora, a meu ver, há uma dúvida central nessa questão do saber dominante. Se entendermos o saber dominante como um conjunto de conhecimentos e de informações veiculadas numa determinada escola, a serem transferidos para os meninos das escolas de periferia, no meu entender corre-se o risco de reforçar ainda mais o esquema de dominação. Não é possível isolar objetivamente o que é informação, o que é dado histórico, do que é interpretação, do que é ideologia.

PAULO — O que você disse tem muito a ver com o papel das associações de classe e de categoria, por exemplo, o papel político-pedagógico dos sindicatos dos trabalhadores, e também com o papel dos educadores que começaram a fazer o seu "suicídio de classe". Como já vimos, o núcleo das perguntas que recebemos pelo país todo está no "que fazer" e a concepção dos professores a que o Sérgio se referiu também me parece um resultado dessa preocupação. Qual é a tarefa do educador hoje? Aprender manhosamente, a manha é uma tática fundamental de sobrevivência e de luta dos dominados. No momento em que alguém começa a se converter às classes dominadas, mesmo que conserve, pela posição de classe, algumas áreas de imunidades que a classe trabalhadora na verdade não tem, esse alguém começa a ser manhoso também, e tem de usar manhas para ser eficiente.

Na intimidade do espaço institucional da escola é fundamental aprender manhas, saber como seguir manhosamente um programa que chega de cima para baixo, burguesamente instalado. Por exemplo, posso falar da chamada Inconfidência Mineira para os jovens dizendo que o movimento mineiro foi chamado de inconfidência pelo dominador de então, que era o colonizador, mas que não pode ser chamado por nós. Abrir um dicionário para mostrar o que significa ser inconfidente, e mostrar que a luta de libertação do nosso povo não poderia ser chamada de inconfidência a não ser por aqueles que estavam perdendo com ela, os portugueses colonizadores. Que caminhos seguir nesse percurso?

GADOTTI — Uma argumentação semelhante vale para a chamada "Intentona Comunista".

7. Reeducar para a travessia

PAULO — Claro. Mas, continuando o raciocínio anterior, como professor o que importa é como refaço ou recolho aspectos sobretudo da história. O problema não é tanto ensinar 4 x 4 = 16, mesmo que possa mostrar que esse mesmo resultado pode não ser a mesma coisa num país capitalista e num socialista. "O Paulo está louco dizendo isso", diriam. Não, é preciso saber o que significa multiplicar do ponto de vista socialista. Qual é a política da multiplicação? Qual é a política da soma? O que significa somar numa perspectiva burguesa e numa popular? Que fazer então num espaço institucional como professor de História, de Língua Portuguesa? Que fazer enquanto líder de uma associação de classe, de categoria, por exemplo, que me parece ter uma importância político-pedagógica extraordinária. É preciso que essas associações criem problemas a mais para o poder burguês.

Segundo, é preciso que elas comecem a dar um salto de qualidade política ao assumir a formação de si mesmas. É preciso que a categoria de educadores tome nas suas mãos a tarefa de se reeducar, através de seminários, cursos etc. Só quando uma categoria assume a *consciência crítica* e *política* da sua *travessia política* para a classe trabalhadora é que ela começa a se reeducar também na prática da travessia até a classe trabalhadora. Aí é um outro espaço que se abre, a que já me referi...

SÉRGIO — No *Sobre educação*.

PAULO — O espaço das associações e sindicatos. Muitas coisas podem ser discutidas com os professores se a categoria abre cursos, seminários de fim de semana para professores de Língua Portuguesa da área popular, por exemplo: debater o problema da ideologia

que está por trás da linguagem. No caso do papel político-pedagógico dos sindicatos, é fundamental buscar assumir uma participação
na formação do trabalhador. Aqui eu sugeriria ao provável leitor
que leia ou releia aquele livrinho da equipe do IDAC, *Vivendo e
aprendendo*,[7] onde há um capítulo escrito pelo Miguel Darcy de
Oliveira sobre a experiência das noventa horas na Itália, desenvolvida pelos sindicatos operários, quando os operários resolveram
tomar nas suas mãos a sua própria formação. Insistiram em vários
pontos, mas deram ênfase a dois, principalmente: o estudo da língua
e da história italianas. Enquanto a transformação radical não se dá,
há espaços a serem ocupados.

SÉRGIO — Sim, e quanto à proposta do que fazer — enquanto a
transformação radical não se dá —, além da referência que você fez
à habilidade, à manha, como você chamou, e a uma opção dos
professores por uma linha mais aberta, mais dinâmica, que atenda
aos interesses da maioria da população na realidade; além da questão de refazer os programas e de como abordar todos os problemas
que aparecem, as normas, as grades curriculares, as orientações
metodológicas que vêm dos órgãos superiores, além de tudo isso
eu hoje acrescentaria mais do que nunca a questão dos materiais
didáticos, da análise dos materiais didáticos. Sugestões curriculares
e programáticas sempre são ideologicamente "carregadas", e uma
avassaladora maioria de professores hoje tem em suas mãos materiais, para uso do professor e do aluno, que já trazem toda uma
metodologia fabricada, todos os exercícios construídos. Pior: trazem
toda uma visão viciada numa série de aspectos como preconceitos
de classe, de sexo e de raça.

O problema do material didático, portanto, é hoje muito grave,
pois está ligado a uma indústria do livro didático que atende a

_____

7. IDAC. *Vivendo e aprendendo*. São Paulo: Brasiliense, 1980.

interesses econômicos bastante definidos. É necessário analisar esses materiais didáticos e os professores deveriam se reunir para discutir as cartilhas, os livros que adotam, porque na realidade, toda aquela questão do método a que Paulo se referia está, na grande maioria dos casos, condicionada, e muito, pela utilização dos materiais didáticos.

8. Instrutor e educador

PAULO — O que se observa há muito tempo é que, em nome de uma má capacitação de grande quantidade de educadores no Brasil, em vez de se fazer uma política de luta pela boa capacitação, a saída foi a mais fácil: equipes pequenas, apropriando-se do método, o colocam nos livros-guias para ser reproduzido pelos professores mal capacitados.

SÉRGIO — É como se o professor tivesse abdicado de seu papel para assumir o de instrutor.

PAULO — Exato! Complementando o que já disse a respeito do educador que se apropria do método e controla o educando, agora se tem uma equipe de educadores que controla outros educadores que não se apropriam do método e nem sequer dos conteúdos, mas apenas recebem instruções quase teleguiadas para reproduzir o método no controle dos educandos.

Alguém poderia me dizer: "Puxa, Paulo, mas você está tão fora do real, do concreto. O que seria melhor: deixar uma quantidade enorme de professores sem formação pedagógica, sem formação técnica, científica, sem clareza política, entregues a eles mesmos, ou, pelo contrário, através dessa série de orientações metodológicas, de guias, obter ao menos um mínimo de eficiência?"

No meu entender, num primeiro momento essa poderia ser realmente uma saída prática, concreta, desde que, ao mesmo tempo, já se começasse também a criticar a sociedade que está deixando às baratas os educadores e a desenvolver um esforço de capacitação, eu diria, crítica, do educador. Porque para mim, treinar e capacitar são coisas muito diferentes. Treinar o educador apenas para usar o guia não leva a nada, o que é fundamental é capacitá-lo para, usando o guia, um dia não precisar dele.

GADOTTI — Nesse sentido, esse educador capacitado a usar os instrumentos de que dispõe para a produção da aprendizagem tem um papel dirigente. Nessa sua maneira de pensar, Paulo, vejo que a crítica que lhe fazem, de espontaneísmo, carece totalmente de fundamento, pois você reconhece esse papel dirigente, técnico e político do educador. Há uma coincidência enorme entre o que você e Gramsci pensam a respeito do papel do educador, que é um intelectual dirigente, soma do técnico e do político. Então esse professor comprometido, que assume um compromisso com a classe trabalhadora, é um dirigente da aprendizagem. Ele se educa com o educando, mas é evidente que não se confunde com ele, que não é igual ao educando.

PAULO — Realmente eu nunca disse que o educador é igual ao educando. Ao contrário, sempre disse que a afirmação dessa igualdade é demagógica e falsa. O educador é diferente do educando. Mas essa diferença, na perspectiva da revolução, não pode ser antagônica. A diferença se torna antagônica quando a autoridade do educador, diferente da liberdade do educando, se transforma em autoritarismo. É essa exigência que eu faço ao educador revolucionário. Para mim, é absolutamente contraditório que o educador, em nome da revolução, se apodere do método e autoritariamente comande o educando, em nome dessa diferença que há. Essa é a minha posição, e por isso me surpreendo quando dizem que eu defendo uma posição não diretiva. Como se eu pudesse negar o fato inconteste de que a *natureza do processo educativo sempre é diretiva*, não importando se a educação é feita pela burguesia ou pela classe trabalhadora.

Mas eu gostaria de voltar à questão do "que fazer" como educador enquanto a transformação radical não ocorre, e ela não ocorrerá se não fizermos alguma coisa nessa direção. Não basta ler o extraordinário livro do Lênin e achar que aquele é o "que fazer" do educador. É preciso aprender a ler. Eu considero que o nosso "que fazer" deve estar centrado num ponto fundamental: fazer a crítica do sistema educacional enquanto subsistema, isto é, criticá-lo de modo a que se alcance o sistema social global. Ficar ao nível da crítica apenas do subsistema educacional seria fazer uma crítica liberal. Não tenho nada contra os liberais, ao contrário, não tenho nenhuma vergonha, nenhum medo de enfatizar a positividade de várias posturas liberais. Mas a crítica ao subsistema educacional deve ultrapassar o horizonte e a profundidade da *crítica liberal* e, cortando o subsistema, penetrar lucidamente também na análise crítica do sistema capitalista. Uma crítica que se limite ao subsistema educacional é ela mesma limitada. Não quero dizer com isso que não seja importante criticar, por exemplo, as relações professor--aluno, os conteúdos, os métodos, os horários etc. Ao contrário, considero essa crítica fundamental, desde que não fique no interior apenas do subsistema educacional. Essa me parece que é uma das tarefas do educador revolucionário: testemunhar essa postura amplamente crítica a seus alunos, cansativamente até, nos mínimos pormenores. Por exemplo, ao criticar um programa de História, alcançar a sua razão de ser, o interesse de classe que ele veicula.

SÉRGIO — Em relação a esse último "que fazer", o problema é que, às vezes, essa crítica é feita pelo professor apenas de maneira discursiva: perante os alunos ele desfila a sua maneira de ver, de analisar, de fazer com que os alunos observem quais são os componentes daquilo que está analisando e criticando; discursa sobre esses problemas todos, inclusive com uma terminologia de referencial crítico marxista. E esse professor fica satisfeito ao observar que os alunos também formulam críticas ao sistema capitalista e começam a discursar parecido, a partir de um domínio de conceitos já bastante trabalhado. No meu entender, porém, o perigo é o de que esse professor se satisfaça com os resultados obtidos na transmissão do seu próprio discurso e se encante com os discursos dos alunos, agora semelhantes ao seu, esquecendo-se de analisar as relações entre suas teorias e sua prática docente. É o caso de quem procura fazer cabeças, desconsiderando, por exemplo, que a consciência crítica, junto com uma dimensão de classe, supõe uma dimensão individual, o que faz com que a consciência se manifeste de forma heterogênea. É impossível, assim, que numa plateia de trezentas pessoas, por exemplo, a consciência crítica se manifeste homogeneamente. Os momentos da consciência são vividos também individualmente e remetem à história do indivíduo, da sua idade, sexo, crença, etnia, ou seja, elementos que não são apenas de classe.

9. Reproduzir ou desmistificar?

PAULO — Sua intenção era mostrar que a questão não é transferir ao educando um discurso sobre algo cujo método de conhecer esse algo está na posse do educador, ou nem sequer nele, mas num livro que ele leu. O problema não é *transferir* o discurso sobre, mas sim compreender o mecanismo de funcionamento da sociedade capitalista e fazer a crítica disso, e não só do subsistema. O problema é mostrar essa relação dialética entre o subsistema educacional, em qualquer sociedade, e o sistema global, que gera esse subsistema. Para mostrar que ele não é apenas a reprodução da ideologia dominante, mas que também possibilita, ou melhor, que dentro dele é possível uma contraposição.

Se o que a classe dominante espera da escola é a preservação do *status quo*, como salientei antes, a escola se dá também, independentemente do querer dominante, a outra tarefa que contradiz aquela. Tarefa de desvelamento do real. Esta tarefa, sem dúvida, pertence àqueles educadores que estão aderindo, marchando, na direção dos interesses na realidade, portanto, de desmistificação da ideologia dominante. A tarefa da reprodução é muito mais fácil, porque seu espaço é enorme: quem oculta a realidade reproduzindo a ideologia dominante nada a favor da maré, a favor do poder. Quem se bate para desocultar a realidade desmistificando a reprodução da ideologia dominante nada contra a maré. Daí a necessidade de usar manhas a que já me referi.

SÉRGIO — Até entre os peixes a gente encontra os que pulam e saltam cascatas acima.

PAULO — Exato, aprenderam. E só há um caminho para isso, essa sabedoria é a prática quem dá. É denunciando um sistema através da denúncia de um subsistema seu que se aprendem as manhas para continuar denunciando.

GADOTTI — Nós estamos tentando sistematizar respostas curtas a perguntas numerosas e que estão enfeixadas por essa preocupação do educador revolucionário, transformador, do educador com uma perspectiva de uma *pedagogia do oprimido*, de uma *pedagogia do conflito* e de uma *pedagogia da libertação*. Mas, na verdade, o educador concreto, objetivo, dificilmente pode ser enquadrado neste tipo: "Este é revolucionário, aquele é um infeliz reacionário, aquele é o perfil do burguês".

SÉRGIO — Quando, por exemplo, se coloca de um lado o chamado educador reacionário e de outro o revolucionário, do ponto de vista da prática, da existência de seres concretos, não considero que esses dois polos possam ser encontrados puramente. São dois polos cuja distância, entre eles, é preenchida por uma graduação, do ponto de vista das pessoas, entre aqueles que se destinam mais para uma orientação revolucionária, e outros que tendem mais para o conservadorismo, para a manutenção do *status quo*.

10. De "trânsfugas", "convertidos" e "suicidas"

GADOTTI — Eu concordo com você que é muito difícil compreender essa questão do revolucionário e do não revolucionário historicamente, no professor concreto. É óbvio que as definições não resolvem o problema, mesmo porque o professor que é revolucionário certamente vai admitir, com humildade, os seus próprios limites enquanto revolucionário. E aqueles que se autoproclamam revolucionários, "defensores da classe trabalhadora", aqueles que se julgam na posse da teoria da revolução e que dizem ter uma prática revolucionária, às vezes são os que menos trabalham numa direção efetivamente progressista e revolucionária. Na prática pedagógica esses clichês do "professor policial", do "professor povo", do "professor neutro" (distinções elaboradas pela educadora argentina Maria Teresa Nidelcoff, com objetivos didáticos), indicam direções diferentes em termos de comportamento, procedimento etc., mas elas não permitem uma classificação de cada professor, concretamente.

O desenvolvimento do tema até agora me deixou uma única *dúvida*: como se opera a passagem gradativa daquilo que o Paulo chamou de "conversão", e que eu chamei num texto de "trânsfuga" de classe? O Paulo citou o próprio Marx como exemplo. Eu teria uma restrição à própria palavra "conversão", porque ela conota uma atitude quase religiosa e supõe uma passagem muito datada, como a data de um batismo, por exemplo. Não tenho outra palavra para definir esse fenômeno, mas provavelmente não é uma conversão. Existem talvez situações concretas que levam as pessoas a assumir historicamente a mudança, talvez pela própria evolução das contradições internas do capitalismo, como Marx demonstrou. É a contradição gerada no interior do próprio capitalismo que leva a uma mudança nas relações de produção da sociedade e estas são determinantes em relação à própria consciência. O que quero dizer é mais ou menos o que está na *Ideologia alemã*: a consciência é um produto das estruturas novas que são geradas pela evolução da própria sociedade. Não é o contrário, não é uma conversão primeiro a nível da consciência, e acho que o Paulo realmente não se referiu a uma conversão de tipo religioso, de consciência.

PAULO — Não, mas é uma experiência em que a consciência está presente. Há uma frase formidável do meu querido amigo padre e teólogo de Minas Gerais, o padre Lajes, que nos anos 50 criou um escândalo numa entrevista porque disse: "Eu não vou errar só porque o Marx acertou". Não há dúvida nenhuma de que as condições materiais, a infraestrutura condiciona a consciência que vai se gerando historicamente, inclusive dentro da própria classe. Mas essa consciência, gerada a partir de condições infraestruturais, tem a possibilidade de se voltar sobre seu próprio *condicionante* e se conhecer como *condicionada*.

Se não fosse possível à subjetividade se reconhecer como condicionada e interferente no condicionante, não seria sequer possível falar em libertação.

A revolução, assim, passaria a ser um puro mecanismo da história, o que seria contradizer o próprio Marx, que tanto insistiu em que a história é feita por nós e nos faz. Ela não é um poder que faz a si mesma e a nós, ela é feita por nós. O poder dela está em que, sendo feita por nós, nos faz e nos refaz.

Ora, essa possibilidade de ser feito e refeito pela história, ao fazê-la, dá à subjetividade um papel que as interpretações grosseiras de Marx não permitem que ela tenha.

É nesse sentido que eu falo também da conversão: num sentido político, não no sentido de uma decisão íntima, anterior à experiência na história.

Por outro lado, essa conversão é feita por indivíduos, e não pela classe. A classe dominante não pode se converter toda à classe dominada, porque aí seria um suicídio, e nunca houve um suicídio coletivo de classe. Mas alguns de seus representantes sim, e a sua expressão é ótima, são trânsfugas realmente.

Evidentemente, quando usei a palavra conversão — por que negar? —, eu a usei condicionado por minha formação cristã. A conversão no fundo é uma caminhada, e nesse sentido aqui usado é uma caminhada que se dá na esfera do polo dominante para o polo dominado, mas só se completa na travessia mesma, só se dá é na marcha. Não no gabinete.

É por isso que há especialistas, *scholars* excelentes que dão seminários extraordinários sobre Marx, mas que jamais se converteram à classe trabalhadora. É que o caminho entre a casa deles e a sala do seminário é um caminho curto, por onde não anda povo, por onde não anda massa. Não é o caminho da favela. Alguns já diriam: "Lá vem o Paulo de basismo de novo". Nada de basismo, uma postura distorcida, errada, tão errada quanto o elitismo. Mas é nesse sentido que eu uso a palavra "conversão". Como o Amílcar usou "suicídio de classe", e o Gadotti usa "trânsfuga". Que dá no mesmo. Como fazer essa conversão? Aí é que há elementos individuais, além do que ninguém faz a sua travessia em termos totais, porque ela não acontece simplesmente por um ato de vontade.

GADOTTI — Por uma opção, como se tivesse que votar em A, B ou C.

PAULO — Não, é na caminhada mesma, na marcha: no susto, no medo, na dúvida, na coragem, no desprendimento. Afinal de contas tudo isso são momentos, o momento do medo, do desprendimento etc. *Os momentos da travessia.*

SÉRGIO — A conversão; nesse sentido, seria um mudança de rumo, da direção em que se vinha caminhando. Mas é inegável que esse fenômeno, embora não seja um fenômeno individual na sua origem, se manifesta individualmente, são as pessoas como indivíduos que assumem posições diferentes das que vinham assumindo até então. Para mim esse é o processo de conscientização, que necessariamente se dá também a nível individual.

PAULO — Mas que é selado socialmente.

SÉRGIO — Claro.

GADOTTI — O Paulo tem se referido aos críticos dele e eu também gostaria de fazer algumas referências a críticas que tenho ouvido de pessoas sinceras, que chegam e me dizem: "No seu livro *A educação* *contra a educação* você trai o marxismo porque acrescenta a terceira parte. Há primeiro uma leitura fenomenológica, depois uma leitura histórica e a terceira, que é uma leitura fundamental. Você devia ter parado na segunda" (onde coloco a crítica das ideologias). Recentemente tive a oportunidade de ouvir um educador formado na Universidade de Louvain que veio ao país e trabalhara o meu texto lá. Ele me disse o seguinte: "Realmente, depois que cheguei ao Brasil e li *Concepção dialética da educação*, me parece que você mudou, que você se converteu da fenomenologia à dialética e que de certa forma não assume mais a posição do *A educação contra a educação*. Na *Concepção dialética da educação* você é realmente marxista. Antes você duvidava do marxismo".

Depois disso, um pouco de reflexão me ajudou a conhecer essa travessia de que você fala.

O que tenho feito em relação ao marxismo?

Tento fazer uma *leitura pedagógica*.

Talvez com o quadro referencial do Paulo eu esteja lendo Marx tentando captar o Marx revolucionário além do Marx economista. Uma *leitura positivista* de Marx se interessa apenas em entender a lógica do *Capital*, a lei que regula a troca de mercadorias e a produção capitalista. Independentemente do que tenha sido escrito por esse ou por aquele Marx, o 1º, o 2º, o novo, o velho etc., a leitura positivista de sua obra é marcada por esta separação do sujeito com seu objeto de pesquisa. Aliás, o que mais me agrada em Marx são as cartas dele.

PAULO — A mim também.

GADOTTI — São as notas laterais. Nos *Cadernos filosóficos* de Lênin também gosto de ler as notas sobre Demócrito, a Aristóteles, as notinhas. Não a reprodução do saber do Aristóteles, mas as notinhas, as observações; são fascinantes porque para mim aí se revela o verdadeiro Marx e o verdadeiro Lênin. A leitura do marxismo não pode ser positivista, mas uma leitura pedagógica que supera a crítica das ideologias. E respondo à própria pergunta que formulei ao Paulo em termos de saber o que é essa *conversão*, como ele chama, o que é essa *caminhada*, conforme o Sérgio, e que eu chamo de *trânsfuga de classe*: além da *luta de classes* existe mais alguma coisa; ela não explica tudo, pois não se pode reduzir tudo a ela, como os pseudomarxistas interpretam o pensamento de Marx, reduzindo-o a um mero acadêmico, sem cheiro, sem saber, sem nada.

Considero que é numa pedagogia do oprimido, numa teologia da libertação, e numa pedagogia do conflito que o marxismo se encontra hoje. Aliás é nessa linha que eu explicaria a mudança em Marx, do próprio Marx: não é a da luta de classes que a explica mas sim o desejo profundo do homem Marx em fazer justiça. Essa vontade é a de se insurgir contra a injustiça, contra a dominação, contra a falta de liberdade, contra a opressão, esse desejo profundo do homem de ser livre.

Hegel dizia que a história do homem é a história da sua liberdade e que o homem é por essência liberdade. Esta talvez seja a questão fundamental, a questão da liberdade. Enquanto homens o que buscamos é estabelecer as condições concretas da liberdade. Marx tem esse horizonte, e sua visão de história está muito além da luta de classes. Está além do comunismo e do socialismo. Talvez o grande ensinamento de Marx — porque hoje é impossível se referir ao educador revolucionário sem se referir a Marx — é que teve essa humildade de perceber que a liberdade vai além da luta de classes.

Muitos revolucionários, por estarem tão mergulhados nas táticas e estratégias da luta de classes, se distanciam desse fundamental que é o homem.

SÉRGIO — Em relação à essa questão do marxismo, uma das coisas que talvez desafogasse um pouco a situação, do ponto de vista intelectual, seria que se começasse a pronunciar o marxismo no plural, a reconhecer marxismos depois de Marx, e a não pretender, em nome de um singular marxismo, a partir dessa singularidade — primeira confissão da ortodoxia e do dogmatismo — desprezar outras interpretações que recorrem às ideias de Marx, quer no que diz respeito ao chamado "materialismo dialético", quer quanto ao "materialismo histórico". O que vicia, muitas vezes, a discussão é o espírito de "igreja", que faz com que se clausure o marxismo, o catolicismo, o budismo e outros ismos. Pior ainda é quando o ismo é usado só no singular, principalmente no caso do marxismo; é aí que muitos passam a se sentir senhores dos critérios verdadeiros e juízes daqueles que são defensores de uma mesma metodologia e de uma mesma visão da história, mas que chegam a conclusões diferentes das deles.

GADOTTI — Os dissidentes sempre são os outros.

SÉRGIO — Aliás, um livrinho que me impressionou muito foi *Los marxismos después de Marx*, que me caiu às mãos na Espanha, em 1975. Foi com ele que comecei a entender os desdobramentos históricos ocorridos a partir dos trabalhos de Marx. Para concluir, me parece indispensável a convivência entre diferentes interpretações marxistas, numa espécie assim de ecumenismo ideológico. O fundamental é que, de um lado, não se tenha medo da análise marxista e, de outro, que não se pretenda reduzi-la a uma corrente que deva obediência a uma interpretação única, como a Igreja fez por muito tempo e, infelizmente, está voltando a fazer agora.

PAULO — O que é prejudicial ao próprio pensamento de Marx, que é um pensamento que não suporta jaulas, é a tentativa de imobilização desse pensamento, tentativa antimarxista e a-histórica. Quando penso nisso me lembro de uma carta de Marx que o Gadotti já citou, porque, como o Gadotti eu também gosto de ler as cartas de Marx. Afinal, nelas ele aparece mais de pijama e brabo. Mas numa dessas cartas, naquele estilo durão, ele estava muito irritado com relação a uns imobilistas, já na época, e a termina dizendo: "A única coisa que sei é que não sou marxista".

GADOTTI — Esse *caráter imobilista* da dogmatização de Marx, aliás, dentro da história do marxismo, foi denunciado por Lênin, e me parece que é uma peste que ainda continua. Hoje falamos muito sobre o "que fazer" do professor, e me lembrava constantemente do texto de Lênin, em que ele denunciava o esquerdismo como uma "doença infantil". Hoje há um esquerdismo que realmente imobiliza e dificulta o avanço revolucionário neste país. Noto que há uma certa sofreguidão em se cobrar mais à esquerda do que a esquerda, quase uma competição para se autoafirmar de esquerda.

Esse comportamento foi definido de maneira muito feliz numa reunião do Conselho de Curadores da Fundação Wilson Pinheiro, da qual o Paulo Freire também participava, pelo professor Antonio Candido, que nós respeitamos imensamente. Ele dizia: "O esquerdismo é o esnobismo da esquerda". Me parece que este esnobismo da esquerda é burguês, portanto, de direita. Uma das tarefas do educador hoje, do professor revolucionário, é trabalhar com as esquerdas o próprio esquerdismo, para fazê-las compreender o quanto o esquerdismo é imobilista. Sem deixar de estimar a militância dessas esquerdas. Conservando o respeito que se tem por essas esquerdas, porque elas têm uma opção clara por um desenvolvimento da sociedade, mas a sua metodologia, a sua tática faz com que elas, em vez de fazerem avançar a consciência de classe, até a retraiam mais.

PAULO — No fundo é uma posição autoritária, realmente autoritária e elitista.

GADOTTI — Autoritária no sentido de posse, de que eles é que têm a verdade, eles é que são os verdadeiros revolucionários e os proprietários da revolução. E só permitem a entrada no "templo da revolução" a um grupo escolhido, como você falou, elitista. A um grupo escolhido por eles, inclusive. Esse comportamento merece ser denunciado também em nome da revolução. Seria um manifesto revolucionário hoje, não uma crítica de direita à esquerda, mas uma crítica de esquerda à esquerda. Não fazendo uma crítica de direita a essa esquerda, mas uma autocrítica, como dizia Lênin, interna à própria esquerda, em função da verdade.

CAPÍTULO **IV** ■

Educação e democracia

1. Introdução: os vários fios do tema

SÉRGIO — Estamos agora diante de uma espécie de tema guarda-
-chuva, que no fundo reúne uma série de questões em torno da
escola. A esse respeito, Gadotti, você que tratou mais diretamente
dessas centenas de questões, quais os pontos básicos que você
determinaria?

GADOTTI — Há duas ordens de questões: as particulares e específicas, que incidem sobre o funcionamento global da escola. Mas há
também eixos mais gerais, preocupações mais sentidas pela maioria. Podemos fazer uma síntese, naturalmente limitada, não exaus-
tiva, de todos os temas, uma síntese que decorre de uma leitura em
diagonal, para captar os temas mais frequentes, os traços fortes, na
linha do que Max Weber chamava de "tipo ideal", uma leitura que
inclui e relaciona os elementos de modo a formar um todo, uma
estrutura ou uma malha.

Ao puxar um fio, mesmo que seja muito particular, se acaba descobrindo uma malha complexa, uma rede de questões. O que aparece como um dos fios condutores é a questão da *violência nas escolas*, que, por sua vez, puxa o fio da relação hoje tão precária entre *escola* e *comunidade*: depredação dos prédios, arrombamentos, furos nas paredes, roubo de merenda escolar, assaltos na porta das escolas e nos ônibus que transportam escolares etc. Trata-se aqui do aumento da violência geral da sociedade, que atinge profundamente a escola, sobretudo da periferia, mas que, nos seus limites, é de importância central dado que é um problema que não se colocava, nas proporções de hoje, há uns anos atrás.

Além desse eixo, podemos ver a questão da própria estrutura e funcionamento da escola enquanto mecanismo de *evasão* e de *seletividade*. A escola cumpre o seu papel de máquina seletiva da sociedade, de hierarquização da força de trabalho, expulsando gradativamente os alunos. No entanto, essa expulsão tem se dado de maneira violenta na passagem da 1ª para a 2ª série. Um dos traços marcantes na pirâmide educacional, que vem desde os tempos em que Anísio Teixeira fazia seus esquemas para demonstrar que a educação é um privilégio, é essa *violência interna* de expulsão sistemática, chamada de evasão nos manuais escolares.

Aqui se coloca a questão de como o professor pode trabalhar essa repetência, se ele deve fazer uma promoção automática ou relaxar o conteúdo para fazer com que o aluno permaneça na escola. Como garantir a *permanência* do aluno na escola? Até que ponto o comportamento da escola em relação a isso não fere os princípios da própria educação tal qual é definida nas normas dos Conselhos estaduais e do Conselho Federal de Educação?

A evasão e a repetência, por sua vez, levam à questão da *deterioração* da *escola pública*, reatualizando o antigo confronto entre *escola pública* e *escola privada*, tema de grande incidência nas perguntas.

Outro eixo de numerosas perguntas é a questão da escola enquanto *aparelho ideológico* de *reprodução* da *ideologia dominante.* Até onde essas categorias analíticas correspondem à escola real, que não cumpre sequer esse papel de enquadramento e de reprodução da ideologia dominante?

Há também questões relativas ao *reformismo.* Diante, então, desse quadro da escola, diante desse guarda-chuva que abriga todos esses problemas, o que fazer? Consertar uma goteira para não enferrujar mais ainda o mecanismo interno? Por exemplo, reformar o curso de Pedagogia? Até que ponto reformar o curso de Pedagogia vai mudar a estrutura da escola? "Porque mudaria a questão da hierarquia interna, alteraria as funções e as inter-relações entre *supervisor, orientador, diretor* e *professor"*, este é um dos argumentos frequentemente apresentados.

Dentro da estrutura da escola se questiona totalmente o papel do diretor como administrador, como se a escola fosse uma empresa. Como administrador, o diretor deixou então de ser educador no sentido de que antes competia a ele toda a tarefa da direção da escola, também no sentido psicológico e vocacional, hoje atribuída ao supervisor. Hoje o diretor é um mero executor de uma legislação, repassador de instruções sobre as quais não tem controle e cujas finalidades não discutiu. Frente a isso, coloca-se em questão o *especialista* em educação, a necessidade ou não dessa especialização.

Uma outra questão mais ampla e muito frequente é: o que é possível fazer hoje na *escola que temos*? Não na escola que queremos. Esta ainda não existe, mas na que temos. Quais seriam as possibilidades hoje dessa escola concreta? O que fazer dentro dela? Por exemplo, o que fazer em relação ao aluno pobre, ao aluno que se evade no fim da 1ª série? Em relação à própria comunidade e ao sindicato: Devemos transformar essa escola em sindicato? Ou num partido? Ou seja, muitas questões põem em xeque a própria escola como instituição possível. Não no sentido de Ivan Illich, de deses-colarização. Apesar da imensa divulgação da sua obra, não há nenhuma pergunta na linha da desescolarização: há sim uma preocupação em preservar a escola como espaço da sociedade onde é possível se realizar um encontro humano, como uma instituição necessária para a sociedade. A necessidade da escola é posta como inquestionável, pelo menos nessas perguntas. O ponto de partida delas é assegurar a existência dessa instituição porque ela é conce-bida como válida. Evidentemente que são professores, diretores e alunos que fazem essas perguntas e, nessa medida, elas poderiam ser interpretadas como uma manifestação corporativista. Mas con-sidero que a própria amplidão de horizontes em que a validade da escola é afirmada, elimina essa interpretação.

Enfim, podemos começar com qualquer um desses fios que destaquei.

2. Escola, luta de classe e guerra de classe

PAULO — Eu começaria colocando uma questão para vocês dois. Aliás, nesse capítulo o Sérgio poderá dar contribuições interessan-tes em função da sua experiência como professor de 1º grau, que ele foi. Antes da questão, no entanto, considero necessário fazer algumas reflexões sobre o óbvio que são fundamentais como pon-to de partida. Elas se referem a um dos fios destacados, o da vio-lência não só dentro, mas também em torno da e contra a escola. Antes de tudo essa violência — a geral e a mais específica, contra a escola — se situa principalmente nas áreas chamadas periféricas da cidade. Não tenho conhecimento desse tipo de violência, pelo menos não na mesma proporção em que ela ocorre nas periferias, em escolas no bairro do Pacaembu.

SÉRGIO — Aí é menos intensa.

PAULO — Um juízo ingênuo começaria dizendo: "Veja como a massa é inculta, como a massa popular é ruim e ignorante". O que simplesmente reforçaria a percepção ideológica dos pobres — oprimidos e marginalizados pelas classes dominantes —, dos favelados etc., como sendo necessariamente bandidos. Este é o perfil delineado pelos grupos dominantes para os que estão do outro lado. Esta não é a nossa posição, é óbvio. Quando nos preocupamos em localizar socialmente a maior incidência dessa violência contra as escolas é para chamar a atenção ao fato de que ela é de certa forma uma resposta a uma violência maior que é exercida contra essas populações.

Recentemente houve um debate na TV Cultura de São Paulo, de que participaram dois ex-presidiários e diversos especialistas. Os dois destacavam com extrema criticidade a violência que sofriam. "Aqui se discute a violência que cometemos, mas ninguém ainda se preocupou em discutir a que sofremos", diziam eles. "O que o doutor diria a seu filho adolescente se o visse conversando comigo na rua?", perguntou um deles a um dos intelectuais presentes. "Bem, talvez eu falasse para ele ter um pouco de cuidado". A pergunta foi feita a outros e todos saíram pela mesma tangente. O que foi imediatamente registrado por um dos presidiários, que disse: "Vocês não diriam nada disso e sim que ele saísse de perto de mim, porque sou um degenerado etc." E completou que ninguém, em relação a eles, perguntaria na verdade o que os filhos poderiam estar conversando com eles. A primeira atitude seria afastá-los porque por princípio um ex-presidiário não presta. Isto não seria uma violência primeira, perguntaram eles?

No meu entender, então, quanto à violência contra as escolas seria preciso ir às causas de por que a escola se torna objeto de depredações etc., o que a escola significaria para uma comunidade a ponto de esta se voltar dura e violentamente contra ela.

SÉRGIO — Nesse caso, Paulo, dificilmente se pode atribuir à comunidade a responsabilidade pela violência, pois é uma minoria ínfima, nas comunidades de periferia, que provoca violências contra as escolas. Isso no que diz respeito à violência que vem de fora da escola e que atinge pessoas, materiais, estoques etc. Em geral, o que tem acontecido é que as escolas objeto desses ataques se armam, e até arquitetonicamente se tornam verdadeiras fortalezas que, de fato, são prisões para os alunos. Quando se chega a essa situação, é óbvio que cabe aos professores e diretores discutir não só com os pais e os alunos, mas com todos os elementos ligados à comunidade, o que fazer diante do problema.

GADOTTI — Costuma-se dizer que, para superar a violência nas escolas, a comunidade deve assumir maior responsabilidade na preservação e conservação dos prédios, mas isso não resolve o problema. Como o Paulo estava dizendo, é necessário não se perder a referência à violência maior, a violência da exploração do trabalho. Esta é a origem, e sem uma referência a ela dificilmente se chegará a uma determinação de como de fato se superar esse problema. É lógico que essa referência, em termos imediatos, não supera a questão. O que podemos fazer como administradores da educação é, por exemplo, facilitar a comunicação com a polícia através da instalação de telefones, como foi feito no Estado de São Paulo.

Existem escolas no Estado de São Paulo que à noite são verdadeiras fortalezas, mas não propriamente para garantir o trabalho pedagógico. O próprio Secretário da Educação Paulo de Tarso, no início de sua gestão, visitou uma série dessas fortalezas que de dia desenvolviam atividades pedagógicas, mas de noite eram ocupadas para atividades de toda ordem e nem sequer a polícia podia entrar nos prédios. O capitalismo que temos é tão brutal e agressivo que traz em seu bojo essa contraviolência como reação, uma forma de expressão da violência dos oprimidos, como disse o Paulo, que não chega a se organizar politicamente.

PAULO — Não sei se vocês concordam mas a minha impressão é a de que quando a luta de classes não se canaliza, não se organiza o que se instala é uma espécie de *guerra de classe*. Esse tipo de violência brutal que estamos hoje presenciando, do sujeito que te aborda na rua, te ataca fisicamente, tira teu relógio, bate, esfaqueia e mata com frieza, essa violência toda para mim também é um fenômeno político que, à falta de um nome melhor, chamo de *guerra de classe*. Tanto é que a classe dominante assim a considera, e proclama o extermínio total do outro lado. É interessante observar como, em documentos oficiais, se fala de "baixas", linguagem de guerra, entre os chamados marginais. Só em São Paulo, 409, se não me equivoco, foram as "baixas" durante um ano, nesta "guerra de classe". Uma das tarefas dificílimas para uma militância política revolucionária seria exatamente a de tentar encontrar os caminhos de transformação dessa guerra em *luta de classe*.

SÉRGIO — Essa guerra é tão confusa que é difícil até se identificar os adversários. Rouba-se o pobre, o Estado, o particular, o grande e o pequeno; em suma, é uma guerra absolutamente cega e mortal.

PAULO — No caso de luta e não de guerra as formas táticas variam em função da orientação política a que elas se submetem. Daí que, na luta de classes, possamos ter momentos de pacto, de alianças etc. Na guerra não, a grossura é total.

GADOTTI — Realmente, chegamos a um tal estágio de violência, que não pode mais ser ignorado por toda a sociedade. Nos encontros de que tenho participado, os professores (e no caso da educação básica a maioria deles são mulheres), têm sistematicamente denunciado a falta de condições de dar aula devido à insegurança gerada por essa guerra.

3. Da análise às possibilidades de solução imediata

PAULO — Essas reflexões são mais ou menos óbvias, como já disse. Só quem tem razões muito profundas de classe pode se recusar a reconhecer que essa guerra tem origem social. De qualquer maneira não é possível cruzar os braços diante da violência.

GADOTTI — Os professores dizem: "Concordo com a análise de vocês, mas o que faço agora, já?" A resposta normalmente é conformista: "Vou fazer um muro na escola, pôr um guarda, instalar um telefone"...

SÉRGIO — Essas providências imediatas às vezes são absolutamente necessárias. Mas, além dessa violência de que tratamos, e que vem de fora, através da vidraça, do assalto à diretora, à caixa escolar ou aos "cofres" da APM, há uma violência que se instala dentro da escola e que se expressa na sala de aula, nos corredores ou no pátio, através de uma exacerbação da agressividade por parte de alguns alunos contra outros. Há, é claro, muita reclamação contra essa situação, vista como sintoma de generalização da violência. O que tenho percebido é que, frequentemente, esse problema está ligado à falta de uma ação conjunta entre professores e alunos, no sentido de se perguntarem sobre o que estão fazendo dentro da escola: jogo, brincadeira, o quê? Muitas vezes se utiliza, por exemplo, o tempo de recreio para deixar as crianças absolutamente à solta, sem qualquer atitude de coparticipação dos adultos. Nesses casos, é claro que ocorrem mais facilmente situações de agressão, que seriam contornáveis ou minimizáveis com uma participação conjunta do pessoal da escola. É lógico: isso depende do seu estado de ânimo e sei que, no dia a dia, não é nada fácil. Mas, não me parece justo que, por causa disto, se suprima, por exemplo, o período de recreio.

GADOTTI — A nossa escola, evidentemente, é burocrática e não uma escola participativa, de comunidade. É autoritária, mesmo que as pessoas que a compõem tenham uma concepção democrática da educação. Há, portanto, um conflito entre a estrutura escolar, que é autoritária, e a concepção democrática de muitos diretores e professores.

SÉRGIO — Certo, mas, quando você fala em estrutura autoritária da escola, penso nela como algo vivo, pois ela só existe na medida em que há pessoas que a sustentam, que exercem esses papéis autoritários, concorda?

GADOTTI — Sim, mas pela minha experiência de um ano, na Secretaria de Educação, pude notar que não era possível realizar uma *educação democrática* numa *estrutura autoritária*. Enquanto os mecanismos estruturais não forem modificados por um ato conjunto, não só dos professores, mas também do *poder público*, no sentido de descentralizar o sistema, as responsabilidades, os recursos, ampliar os espaços de autonomia e de participação de todos os envolvidos no sistema escolar, a escola continuará a mesma.

SÉRGIO — Certo, mas mesmo que o governo decrete ou ofereça a toda a população mecanismos novos de descentralização, há todo o problema da conduta das pessoas que estão exercendo papéis autoritariamente e que precisam se modificar. Ora, a meu ver, essa mudança se dá também no confronto persistente, na prática, entre os autoritários e os democratas de cada local de trabalho.

4. Exigir o cumprimento prático dos discursos eleitorais

GADOTTI — Para um governo que se diz democrático, é essencial modificar as estruturas autoritárias. Porém, é preciso ver até onde um governo como o do Estado de São Paulo teria condições de fazer isso. O que é evidente é que nas escolas que já têm uma mentalidade democrática, participativa, as soluções aparecem mais facilmente. Vou dar um exemplo: em 1983, através de uma lei aprovada pela Assembleia Legislativa, se desobrigou os estudantes de usarem uniforme. O que aconteceu nas escolas? Como cada um poderia ir à aula vestido da forma que quisesse, isso provocou uma série de problemas: por exemplo, uma competição para ver quem ia com a minissaia mais curta...

SÉRGIO — Criava um certo rebuliço, mas, nesse caso, às vezes até é saudável, não?

GADOTTI — Sem moralismo, em relação a esse exemplo específico, como a diretora poderia agir? Proibir a entrada de minissaias? Se ela tem espírito democrático, deixa a solução para a comunidade: alunos e professores. O que devemos fazer? Houve casos em que as diretoras fizeram isso e os próprios alunos propuseram que queriam vir à escola de tênis, *jeans* e camiseta branca. Nas escolas em que se recorreu à "comunidade interna" para a resolução dos problemas, as soluções foram alcançadas coletivamente e se revelaram bem mais eficazes do que as soluções determinadas diretamente pelo diretor. A geração desse espírito de consulta interna e de busca de soluções conjuntas está na raiz do que muitos educadores chamam de *autonomia da escola*, única forma de contraposição à uniformização que a legislação autoritária impôs. Esse é, a meu ver, o melhor caminho para a escola real que temos, não a escola de nossos sonhos.

PAULO — Concordo com você. Acrescentaria, apenas, que é pondo em prática a conversa necessária na escola real que se fará a dos sonhos. Para se cuidar da escola real é preciso que a dos sonhos funcione como perspectiva, como desafio, como chamamento.

GADOTTI — O possível de hoje viabilizando, amanhã, o impossível de hoje.

SÉRGIO — Se formos ver a questão da autonomia nas escolas da rede pública paulista, notaremos que, na maioria delas, há diretores efetivos, e um corpo de professores mais ou menos estável. São essas pessoas que garantem a prática escolar. Ora, se acontece então de diretores interpretarem autoritariamente as normas e disposições de funcionamento, cabe aos professores que criticam esse comportamento autoritário fazê-lo através de pressões e de reivindicações concretas: participação nas reuniões de tomada de decisões, participação na compra de determinado material, na decisão de determinadas opções, aparentemente insignificantes, como a decisão de se instalar um portão, por exemplo. Essa ação é o recurso mais imediato para se conseguir que a prática escolar seja mais autônoma e menos autoritária. Em estruturas autoritárias sustentadas por comportamentos pessoais autoritários, estes devem ser pessoalmente confrontados por comportamentos autônomos e democráticos. É óbvio que não se trata de anular as pessoas, mas de confrontá-las com as reais consequências e alcances dos seus atos autoritários, de forma a neutralizá-los ou minimizá-los.

PAULO — Mas, de qualquer maneira, para que professores, alunos, funcionários, zeladores etc. se confrontem com uma direção autoritária dentro de uma escola é preciso que, pelo menos, haja acima dos diretores um ensaio diferente de gestão pedagógica. É preciso que haja uma gestão democrática da educação em níveis superiores. Se não houver esse mínimo, tal confronto, apesar de ser legítimo, pode se tornar uma quixotada. Não contesto totalmente a denominação de governo democrático para o do Estado de São Paulo, mas os professores agora deveriam exercer uma maior pressão no sentido de cobrar um correspondente prático ao discurso de participação que se fez em campanha. Não quero dizer com isso que sem um apoio superior seja inviável ou impossível uma luta dentro das escolas contra os comportamentos autoritários de determinadas direções. De forma alguma. Só que, neste caso, as táticas então devem ser diferentes.

SÉRGIO — Há efetivamente confrontos que, por não terem apoio dos escalões superiores, transformam a ação de alguns professores em cenas de Brancaleones e lances quixotescos. Mas nem sempre é preciso um confronto direto: professores que já têm um longo convívio com o autoritarismo têm condições de drible, de manha diante dos portadores desse autoritarismo. Isso não prejudica, de modo algum, a justeza do que você disse: a necessidade de se criar uma perspectiva de apoio mais ampla, de se cobrar o governo no sentido de uma coerência entre discurso da proposta e sua execução.

5. Escola e autonomia

GADOTTI — A participação e a autonomia não se impõem, evidentemente. Elas dependem de um desenvolvimento cultural e político da própria sociedade. Seria um contrassenso dizer que o Estado pode impor a autonomia e a participação. É um escândalo, por exemplo, o Presidente Figueiredo dizer: "Farei desse país uma democracia". Quer dizer, *eu* vou ser o "pai" da democracia e vocês vão ser apenas os meros executores da *minha* democracia, da qual *eu* serei o autor. É uma *democracia sem povo*, uma ditadura.

Então, de um lado, existe a impossibilidade de o Estado impor uma autonomia para as escolas, e, de outro, as escolas não podem prescindir de um Estado, ou pelo menos de organismos do Estado, que facilitem essa participação e autonomia. A questão da autonomia da escola tem sido discutida na educação brasileira, sobretudo desde que o grande mestre Anísio Teixeira introduziu a ideia de *municipalização do ensino*. Só que hoje ela se coloca de outra maneira. Não existem hoje as precondições básicas para a municipalização: a existência do município como um espaço real de autonomia e de poder. Não existe sequer a formação da comunidade municipal estruturada, como existia nos Estados Unidos, de onde Anísio trouxe a ideia de municipalização. A autonomia da escola, portanto, não se confunde com municipalização nem com descentralização. Ela estaria mais próxima da ideia de democratização da educação. A minha tese é de que nem toda *descentralização* é sinônimo de *democratização*.

Quando os educadores, como José Mário Pires Azanha, da USP, por exemplo, sustentam a ideia da autonomia da escola, eles não a entendem como isolamento da escola dentro do município ou do estado. Para eles, autonomia é uma unidade da sociedade como instituição em que a escolha dos dirigentes é feita por consenso interno da comunidade escolar, onde a direção tomada pela atividade escolar é decidida de maneira autônoma através de mecanismos criados internamente, o conselho da escola, por exemplo, que reúne pais, alunos, funcionários e professores. A criação desses mecanismos de direção colegiada se opõe à maneira auto-crática, que é a norma dentro da legislação atual.

É óbvio que a busca da autonomia das escolas não tem por objetivo resolver todos os conflitos e estabelecer a harmonia. Ao contrário, a escola autônoma é sempre mais insatisfeita com o saber adquirido e busca permanentemente um saber novo. A escola au-tônoma certamente é mais barulhenta.

SÉRGIO — Não concordo com a sua visão de como Anísio Teixeira abordava a questão da municipalização, cuja origem teria sido o conhecimento que ele tinha da comunidade americana. Mas ponha-mos de lado essa possível controvérsia, mesmo porque ela escapa um pouco ao nosso guarda-chuva de questões deste capítulo. Veja-mos, em relação à participação, uma distinção feita por Francisco Withaker Ferreira, que vem trabalhando, há anos, com comunidades. Ele vislumbra três grandes tipos de participação: nas decisões an-teriores a uma ação que se planeja fazer, na sua execução e nos re-sultados. Ora, muitas vezes, o que se observa é que, dependendo do estilo de poder vigente, dimensiona-se essa questão de modo a que, no caso da comunidade escolar, esta participe apenas dos re-sultados. Considera-se autoritária ou paternalmente que isso já é o bastante pois, sendo a comunidade beneficiada, pouco importa que o planejamento tenha sido elaborado por uns poucos. Ou, então, se transforma a comunidade escolar em força de trabalho, apenas para a execução de planos decididos em pequenos comitês.

Há, porém, um outro nível de participação, que já implica um outro tipo de poder, digamos, solidário, onde a participação se dá já no levantamento dos problemas. Aí a comunidade escolar par-ticipa enquanto corresponsável pela orientação que as soluções devem tomar. Esse caso, infelizmente, ainda é o mais raro, e deve-ria ser o objetivo de participação a ser alcançado. Geralmente o que se tem chamado de participação é a utilização do trabalho de pais, mães, inspetores de alunos etc., na execução de tarefas às vezes até bastante úteis para a escola, mas em relação às quais essas pessoas não sabem nem o porquê, são meras tarefeiras.

6. Condições da autonomia

GADOTTI — Eu entendo que há uma visão autoritária e uma visão democrática da autonomia da escola. Hoje, quando se fala em autonomia, descentralização e municipalização, existe um consenso bastante perigoso. Tenho a impressão de que pelo menos alguns estão de fato é pretendendo desobrigar o Estado de suas funções em relação à educação. Esta hoje é um problema, está efetivamente em crise. Então, "livremo-nos desses problemas jogando a sua responsabilidade para o município". Essa é uma visão astuta da autonomia da escola. A autonomia não exclui um planejamento central, um centro de decisões democrático, que seja o desaguadouro de toda essa participação democrática a nível das escolas. Sobretudo depois da experiência de Pinochet, no Chile, o que temo é que se entreguem as escolas ao *poder localista* para serem usadas por pequenas ditaduras locais, muito piores porque mais próximas do que esse grande patrão invisível que é o Estado. A autonomia deve ser entendida no sentido democrático.

SÉRGIO — Como você falou no Pinochet e na conveniência ou não de as escolas estarem na órbita municipal, eu diria que um princípio doutrinário anterior é o de que os serviços sociais, do ponto de vista do Estado, devem estar o mais próximo possível da área de habitação das pessoas. É claro que uma escola que possa ter os seus problemas resolvidos numa esfera de maior proximidade entre os cidadãos é muito mais ágil do que, como acontece no caso das escolas estaduais, quando esses problemas passam pelos diversos canais burocráticos da Secretaria da Educação, onde se transformam em papéis e se diluem, perdendo todo o impacto inicial das reivindicações da própria comunidade ou de alguns de seus elementos. O princípio de doutrina seria o seguinte: quanto mais próximo da casa do cidadão estiver o centro de decisão, maior será seu acesso a ele e maior será o exercício político de cidadania em relação a esse poder. É claro que uma coisa é o princípio e outra o uso. Se se promove a municipalização, por exemplo, numa estrutura de poder local autoritário, evidentemente este vai interpretá-la à luz de sua própria ideologia.

GADOTTI — Seguindo a sua linha de pensamento, eu diria que em síntese a escola autônoma não é a escola abandonada à sua própria sorte pelo Estado, mas aquela dentro de um Estado que se propõe também a valorizar o município e a escola como núcleos autônomos de participação numa política mais ampla. Tal escola tenta se irradiar e expandir em termos também de sua própria proposta democrática. O que houve há uns anos atrás, e que hoje há menos é que, face ao autoritarismo, ao centralismo, à centralização do aparelho escolar, educadores bem-intencionados tentaram tornar suas escolas autônomas. E os exemplos estão no mundo inteiro: em Summerhill, na Inglaterra, a escola de Alexander S. Neil; os "ginásios vocacionais" do Estado de São Paulo. Essas escolas baseavam-se numa ideologia autonomista e experimental.

Aliás, os "ginásios vocacionais" nasceram das "*classes nouvelles*" francesas, que eram experimentais. A ideia era de que primeiro deveríamos fazer uma escola-núcleo a ser imitada pelas outras. Me parece que hoje há um consenso entre os educadores de que não podemos abrir escolas experimentais, escolas de "Aplicação", escolas que seriam modelos para outras: hoje toda escola deve ser "experimental", "escola-piloto", uma "escola nova", no sentido de que ela tem que buscar caminhos novos. Esse é o sentido da autonomia: não buscar um modelo fora, nem na escola que fica no outro quarteirão.

SÉRGIO — Aliás nesse ponto houve até uma evolução, na medida em que hoje os próprios estabelecimentos de ensino até podem elaborar os seus currículos. Depois do reconhecido fracasso na iniciativa de profissionalização a nível de 1º e 2º graus, com a Lei 5692, e a partir da forma de alguns artigos dessa lei, através da 7044, avançamos, do ponto de vista jurídico, para uma situação em que as competências de definição do currículo já se encontram na esfera do estabelecimento de ensino. Mas aí é que aparecem os problemas: que assistência técnica recebem as escolas, por parte dos estados e da União? De que recursos disporá, no caso, uma escola que se propuser a se identificar com seu meio, trabalhando numa determinada orientação profissionalizante e desenvolvendo um currículo adequado à sua proposta de trabalho?

Ao se lidar com esses problemas no dia a dia é que se percebe a inocuidade das disposições legais. Ou seja: não será certamente a partir de uma autonomia aventada em parágrafos e alíneas, apenas, que construiremos uma autonomia verdadeira na prática das escolas.

7. Política educacional e participação democrática

GADOTTI — Procuramos abordar, no início deste capítulo, uma série de questões relativas à escola, à questão do possível espaço de atuação dos professores e nos concentramos praticamente na ideia de autonomia. Ela realmente não é uma ideia, uma panaceia que viria resolver todos os problemas, mas me parece que, pelas consultas realizadas, por exemplo, pelo *Fórum de Educação do Estado de São Paulo*, ao nível de 1º e 2º graus, pelos grandes debates que se realizaram em quase todas as Delegacias e Divisões Regionais de Ensino em São Paulo, o que podemos perceber é que existe um desejo profundo de participação, de autonomia e de busca de soluções locais e que, por outro lado, essa autonomia enfrenta uma burocratização muito grande, instalada nos órgãos oficiais das Secretarias de Educação, apesar de serem alguns desses órgãos dirigidos por grupos de educadores que têm propostas democráticas. Esses grupos não conseguem fazer caminhar a escola. Por quê? Porque a escola também oferece uma outra resistência: toda proposta de reforma, de mudança, que venha a partir de um grupo de técnicos bem-intencionados, se não passar primeiro pela participação da massa dos educadores na elaboração dessa proposta, fracassa. A questão do Ciclo Básico, que foi uma das soluções encontradas a partir de debates realizados em numerosos locais e que seria uma maneira de combater o elitismo do primário (há mais de 40 anos o índice de evasão da 1ª para a 2ª série continua o mesmo no Estado de São Paulo), é um exemplo concreto.

SÉRGIO — Essa questão do Ciclo Básico, aliás, está embutida na discussão dos ditos problemas de evasão e de repetência. Ora, do ponto de vista de uma política nacional, estamos longe do cumprimento dos direitos constitucionais. Ou seja, quando temos quase oito milhões de crianças na faixa de sete aos catorze anos fora da escola, é evidente que com essa dotação orçamentária que temos não vamos conseguir garantir a essa grande massa da população brasileira dessa faixa o acesso à escola. E veja que este problema precede inclusive os da evasão e da repetência.

GADOTTI — Sim, mas, e enquanto essa injeção monumental de recursos para a educação não chega? Enquanto a Emenda Calmon não for aplicada nos estados e municípios e na União? Acredito que se ela fosse inteiramente aplicada, isto é, se houver 13% do orçamento da União, 25% do orçamento do estado e mais 25% da receita municipal para a educação, nós, em alguns anos, estaríamos no nível de recursos pelo menos desejável hoje para que a educação comece ou recomece um caminho novo. A educação realmente seria uma prioridade. Esse é um caminho de solução, é básico, como você falou, um pré-requisito.

SÉRGIO — Há um outro pré-requisito, a merenda escolar, que tem funcionado como o grande elemento fixador do aluno na escola. É lamentável, mas é assim. A escola não deveria ter função de restaurante, mas, por falta de uma política social em favor das classes populares, hoje a merenda escolar é pré-requisito para se diminuir a evasão e a repetência. A que ponto chegamos!

GADOTTI — O Ciclo Básico não é realmente uma alternativa, uma solução, porque não ataca as raízes econômicas do problema. A evasão e a repetência têm uma causa econômica e portanto o Ciclo Básico é uma resposta pedagógica a um problema político, que é também econômico. Mas não deixa de ser um instrumento, uma tentativa de se tentar solucionar o caso concreto a partir do que existe agora. A inversão dessa pirâmide só ocorrerá mesmo quando houver uma revolução social.

PAULO — Essa pirâmide educacional se acabou em Angola, na Nicarágua, para não falar em Cuba, que a liquidou em seis meses de tomada de poder. O Brasil a tem desde que foi inventado.

GADOTTI — Essa pirâmide continua a mesma desde que Anísio Teixeira a estruturou pela primeira vez pegando os dados estatísticos de evasão do sistema educacional.

PAULO — Não foi possível inverter completamente a pirâmide em Angola, por condições estritamente materiais e de pessoal, por exemplo, falta de quadros. Esse é um grande problema de um país colonizado, que no dia seguinte à revolução tem de criar escolas e não tem dinheiro para fazer prédios, nem professores, porque o colonizador não os capacitou. Mas na Nicarágua[8] a inversão da pirâmide foi quase imediata.

GADOTTI — Os recursos são fundamentais, a revolução é fundamental para a superação do elitismo, e a tentativa pedagógica do Ciclo Básico é uma tentativa que, apesar de ser puramente ao nível do projeto pedagógico, pode fracassar se não houver a participação do professor, isto é, se ele não assumir essa proposta e ela partir apenas de órgãos centrais bem-intencionados.

Retorno ao tema da centralização e da descentralização porque esse caso ilustra muito claramente o problema. A descentralização é uma filosofia, um espírito, e enquanto não houver esse espírito democrático que deve estar por trás da descentralização e da autonomia da escola, acho que pensarmos em projetos educacionais elaborados em gabinetes, por melhores que sejam, é pensar como pensa o autoritarismo.

SÉRGIO — Em relação ao Ciclo Básico, estabelecido no estado de São Paulo de modo a garantir a presença de um maior número de crianças na 1ª e na 2ª séries, tenta-se resolver em parte o problema da evasão, adiando em um ano o problema da repetência. Com isso, o ponto de estrangulamento ocorrerá não mais da 1ª para a 2ª série, mas da 2ª para a 3ª. Ora, essa medida será mero paliativo se não houver, da parte daqueles que concebem a escola, mas principalmente daqueles que a executam, uma visão diferente do que se faz na 1ª, 2ª e 3ª séries, nas diferentes áreas de conhecimento. Qual é o

---

8. A este propósito, ver BRANDÃO, Carlos et al. *Lições da Nicarágua*. A experiência da esperança. Papirus: Campinas, 1984.

sistema de avaliação que se está utilizando para saber quem é competente ou não? Sei que muitos utilizam, na 1ª série, onde a alfabetização desempenha um papel fundamental, o critério de domínio de sílabas simples até o final dessa série, e o domínio de sílabas complexas, a partir da 2ª série e até o final desta. Enfim, quando se toca na questão, ela não pode ser entendida apenas como uma medida de caráter administrativo-pedagógico, no sentido de permitir a promoção automática dos alunos. Por trás desse problema de se promover ou não, está o de se saber através de que elementos avaliar o rendimento do que se fez durante um ano, já que se raciocina em termos anuais. Quem julga esses elementos e a partir de que critérios? É claro que enquanto o nosso sistema de avaliação estiver baseado no cumprimento de tópicos preestabelecidos discutíveis em relação aos quais apenas alguns meninos conseguem, por razões na maior parte das vezes extracurriculares, disparar na frente; enquanto utilizarmos uma régua discriminatória de medição para saber se no final do ano o aluno passa para o outro ou não, continuaremos diante de um importante mecanismo de segregação social, que gera nossos problemas de evasão e de repetência, atualmente já crônicos.

8. "A cabeça está inchando e faltam pés..."

GADOTTI — A experiência do Ciclo Básico apenas está começando. A nível das propostas e das ideias que orientaram a formação do Ciclo Básico me parece que são acertadas. Na sua execução prática porém é preciso aguardar os resultados, porque a escola é dinâmica. O sistema educacional, por mais estereotipado, por mais inflexível que seja, também sofre a dinâmica do próprio movimento da sociedade. Então só daqui a dois anos é que saberemos se o Ciclo Básico foi um projeto que surtiu efeito ou se foi apenas um meio de promoção automática.

A princípio considero favoravelmente essa experiência pois ela tenta superar a velha teoria do condicionamento do rendimento escolar pela situação econômica, que é uma teoria imobilista. Acho que o Ciclo Básico representa uma busca de saída dentro da escola. E, por mais que os resultados possam ser negativos, trata-se de uma proposta dos chamados técnicos em educação para equacionar os problemas reais dessa escola concreta que temos.

E aqui se coloca o problema do papel do especialista, do chamado pedagogo, dentro da escola. Muito se tem falado sobre isso e creio que vocês trataram desse assunto no primeiro ou no segundo volume do *Sobre educação*. Também tratei parcialmente do tema na *Concepção dialética da educação*, e outros educadores têm se debruçado muito sobre o tema do papel do especialista. Ele ganhou força nos últimos dez anos, depois da crise gerada pela Lei 5692, não só por ela, mas por toda a política educacional do governo, que estabeleceu esta *divisão do trabalho* dentro da escola em que especialistas assumem cargos apenas burocráticos, cargos que não estão diretamente ligados à docência.

Há uma discussão hoje sobre até que ponto a *docência é educação* e até que ponto retirar o papel educativo do docente e entregá-lo ao especialista não é uma traição da própria tarefa educativa. Esse problema está colocado claramente nas discussões em torno da redefinição dos cursos de Pedagogia e de Licenciatura.

O que se pode notar historicamente é que houve o inchamento dos chamados especialistas nas escolas, que se acotovelam nos órgãos centrais, sobretudo nas secretarias e nos órgãos de direção das secretarias, e que houve um esvaziamento da tarefa do professor na sala de aula.

É verdade que o sistema não caminha sem o especialista, não se articula sem esse intelectual que é o supervisor, o delegado de ensino, o diretor, o orientador e todos os técnicos de educação que circulam em torno dos órgãos de direção das secretarias de educação. É um trabalho que também deve ser valorizado, mas dentro de limites. Nesses últimos dez anos houve um excessivo aumento da tarefa das assessorias de controle em detrimento da capacidade de gestão da atividade pedagógica a partir das escolas. Este movimento em direção do inchamento a nível do sistema de controle é exatamente o oposto da autonomia escolar.

SÉRGIO — Para discutir essa questão, eu começaria pelo problema da divisão social do trabalho educativo mesmo, que é muito diferente da de antigamente: há mais elementos colocados em postos intermediários que começam acima do professor e vão até as altas esferas das áreas técnicas das secretarias de Educação e do MEC.

GADOTTI — O que se tem denunciado é exatamente a macrocefalia do sistema: a cabeça está inchada e faltam pés.

SÉRGIO — E mesmo no caso dos atuais chamados técnicos em educação, conscientes do seu papel frente aos objetivos de uma educação para a maioria da população brasileira, o problema é que, na prática, eles estão muito distanciados da base, da vida da educação que se dá no dia a dia, da relação entre as pessoas nas escolas. Como eles muitas vezes não têm ou não tiveram essa prática, ficam com a visão limitada à sua própria posição, na superestrutura do sistema e dos processos. Ela é importantíssima, claro, mas para que esses técnicos possam agir em benefício inclusive de quem está na base, eles precisam intensificar a sua convivência com aqueles que estão nela, e não apenas reforçar os contatos entre os de sua própria categoria. Não basta, por exemplo, ficarem se reunindo entre supervisores, entre diretores, para discutirem isoladamente seu papel, seus limites e suas reivindicações. Essas reuniões deveriam pressupor outras, onde se cruzassem com os diferentes postos das categorias, com os professores que estão na base, e com os alunos, em determinados momentos, inclusive, para que se tivesse uma melhor visão do que fazer, de como responder a essas questões concretas, imediatas.

GADOTTI — Você acha, então, que o *supervisor* e o *diretor* deveriam continuar com alguma classe para dar aula?

SÉRGIO — Eu não falaria num sentido normativo, mas diria que um supervisor, por exemplo, que se acomoda a uma definição de papéis que lhe são dados e não acompanha de perto o trabalho prático que está sendo feito — em salas de aula, em circos ou em garagens, pouco importa onde, mas que está sendo feito — perde a consciência dessa dimensão e burocratiza a visão do seu próprio trabalho. Seria o caso de se discutir esse problema com os próprios supervisores que se afastam. É impossível defender a posição de supervisores insensíveis ao trabalho e aos problemas de sala de aula.

PAULO — Acho que não é uma questão de obrigatoriedade. Mas tenho a impressão de que a tarefa pedagógica de um supervisor, na verdade, o ajudaria a ultrapassar a sua origem histórica: o supervisor antes era o inspetor, e historicamente o *inspetor* era o que o nome diz, um funcionário, um fiscal meio frustrado. Havia exceções, é lógico, mas a tarefa de inspetor o marcava de tal maneira que ele se frustrava se os professores chegavam na hora, por exemplo.

No Recife havia um inspetor escolar que se escondia no muro da esquina para ver se a professora chegava tarde. Mas o supervisor que assume a sua tarefa formadora e permanente, por exemplo, que se preocupa em reunir as professoras que trabalham no 1º grau para discutir de quando em vez as dificuldades que elas têm na sua prática, e discutindo essas dificuldades conseguir respostas aos problemas, no fundo, é um educador com uma tarefa de *coordenação, animação* e *reanimação*.

Tenho a impressão de que, por isso mesmo, caberia a um supervisor, a não ser que ele sentisse isso completamente desnecessário, assumir duas, três horas de trabalho com as crianças. Acho que é nesse sentido que você fez a advertência. Concordo inteiramente, porque uma das tarefas básicas que o supervisor deve ter, nessa visão mais ampla, é a de pensar com a professora a prática dessa professora. Na medida em que o supervisor também se expõe a essa prática com as crianças, tem muito mais autoridade para discutir a prática da professora. De vez em quando a tarefa docente poderia ter uma função de reciclagem, sempre necessária. Mas não como uma obrigatoriedade.

SÉRGIO — Retomando a questão dos especialistas em educação, hoje se assiste a uma pesquisa crescente e a uma procura de se fortalecer cada vez mais diferentes campos de especialização. Ora, a intensificação desses estudos não pode comprometer a *interdisciplinaridade*, fundamental, inclusive, para cada área de especialização. Enquanto a complementaridade entre as diferentes tarefas dentro da educação não se efetivar, através de contatos frequentes entre os trabalhadores dos vários níveis do sistema, continuaremos assistindo a reivindicações de caráter absolutamente limitado a categorias específicas, tal como os cegos da fábula diante do elefante.

GADOTTI — Isso leva à perda da totalidade da ação educativa e à sua fragmentação. Aliás, essa fragmentação tem também um significado político-ideológico, pois, quanto mais fragmentos houver, mais fácil será controlar a todos eles.

CAPÍTULO V ■

Educar: ler, escrever e contar + ouvir, falar e gritar

1. Introdução: a consciência crítica dos educadores

SÉRGIO — Último capítulo, certamente o de temática mais ampla. Quais os fios que o orientam?

GADOTTI — Não sei se vocês notaram mas, antes de registrar cada diálogo temos sistematicamente amarrado alguns fios que orientam o próprio diálogo, depois. O que fizemos até agora realmente foi uma espécie de *introdução aos problemas da educação brasileira contemporânea*, captados um pouco além das próprias especificidades que as perguntas colocam. É como se estivéssemos tentando captar o que está subjacente à letra dessas questões.

O material que temos em mãos é muito rico em termos de possibilidade, de sistematização dos problemas da educação brasileira, sentidos pelos que nela atuam diretamente. Essas perguntas apresentam, obviamente, um leque de problemas muito maior do que podemos abarcar neste livro e daí termos adotado a ideia de, no final, colocar uma *bibliografia*.

Para iniciar esse tópico, há um fato inconteste: os educadores evidenciam uma consciência muito grande dos problemas da educação. Há uma *insatisfação geral* em relação ao sistema educacional e em relação a problemas específicos dentro dele: currículos, estrutura, dependência, relação com os partidos políticos etc. Aliás, essa temática tem se revelado recorrente desde a *I Conferência Brasileira de Educação (CBE)*, realizada em 1980 em São Paulo; manifestou-se também na *II CBE*, em Belo Horizonte, 1982, e certamente se repetirá na *III CBE* em Niterói. Evidencia-se um grande movimento de educação em que os educadores tomam para si a tarefa de dirigir os rumos da educação brasileira. Esse é um dado fundamental para a compreensão das perguntas. Eu diria até que os problemas da educação brasileira já foram suficientemente equacionados pelos próprios professores e o que faltaria seria um *projeto político novo*, que não depende só dos educadores mas da sociedade como um todo. Como já disse o Paulo, o problema da pirâmide educacional poderia ser rapidamente resolvido por um governo revolucionário, por um governo que levasse a questão da cultura e da educação realmente a sério.

Com isso chegamos ao tema mais geral deste último capítulo; a questão da *relação* entre *educação* e *cultura*. A maioria das perguntas que nos foram encaminhadas parte da constatação de que educação e cultura não são prioridades governamentais porque elas são empecilhos para a manutenção da dominação.

Outro tema está ligado ao problema do desenvolvimento tecnológico no setor de *informática:*[9] há uma preocupação muito grande a respeito de como realizar a tarefa educativa através dos

---

9. A este propósito, ver o segundo volume do *Sobre educação.*

meios de informática que têm invadido as escolas, principalmente escolas privadas.

Outro fio que aparece seguidamente é o da *relação entre teoria e prática*: como associá-las claramente e como garantir uma coerência entre a ação e a reflexão no papel do educador? Como as *determinações econômicas* incidem no ato educativo e o tornam uma área de ação contraditória?

Há ainda subtemas também gerais como a questão das *Diretrizes e Bases* da Educação Brasileira, da *filosofia da educação brasileira* e da falta de *articulação* entre os vários graus, a ponto de alguns educadores não reconhecerem verdadeiramente um "sistema" na educação brasileira devido a essa falta de integração.

Na busca de uma educação mais democrática, inúmeras questões perguntam *como se fazer uma leitura e um ensino realmente críticos*. Qual é a educação que os *movimentos sociais* propõem? Como valorizar a educação e o saber que vêm no bojo desses movimentos sociais, no espaço da escola?

2. O que é uma leitura crítica?

SÉRGIO — Dentre todas as perguntas, há uma que me intrigou particularmente. Gostaria de partir dela: "Finalmente, como é que uma leitura pode ser alienante se qualquer texto pode ser lido criticamente? Ou será que a leitura prescinde do texto, já que a leitura crítica 'nasce do espírito crítico'? O espírito crítico nasce de onde?"

Essa pergunta é intrigante porque, no fundo, a *questão da leitura* já tem sido bastante discutida por muitos autores, inclusive pelo próprio Paulo, em seu *A importância do ato de ler*, e, no entanto, volta sempre. Não é por acaso que o problema da leitura entra neste tópico sobre a educação como tema mais amplo, pois, afinal, o tema da leitura esconde uma série de problemas muito graves e vivos, principalmente no caso brasileiro, em que o analfabetismo é um problema crônico. Mas, deixando esse problema de lado, pelo menos por agora, o que é intrigante é esse reconhecimento, por parte de alunos, professores e técnicos em educação, de que temos uma prática de leitura falha, não sistemática e nem sempre crítica. É quase sempre uma leitura capitular, apressada, feita muito mais como um exercício com valor de troca: na relação professor-aluno, por exemplo, pede-se a leitura de tal capítulo de tal livro e em troca se dá uma nota ou algo parecido. O motivo da leitura acaba não sendo, assim, o interesse na discussão, na apreensão das ideias de um autor de modo crítico.

A pergunta é intrigante justamente pelo fato de afirmar o que seria uma consequência de algo que a própria pergunta ignora, ou seja, o que seria uma leitura crítica. Este é um dos maiores problemas em relação à prática de leitura: não se mantém um distanciamento em relação ao que se lê e passa-se assim a ser quase tomado — daí a alienação — pelos argumentos que o texto implícita ou explicitamente defende. Ora, esse distanciamento não significa, é claro, ausência de envolvimento emocional, ou de paixão, mas apenas que estes devem também ser submetidos a um esforço de reflexão pessoal em relação ao texto, ao qual cada leitor possa incorporar a sua experiência prática, a sua vida e as suas próprias ideias.

PAULO — Este tema me interessa há muito tempo. E há uma literatura enorme sobre ele. Nos Estados Unidos, hoje, essa questão é um dos núcleos temáticos de maior interesse dos educadores. Eu mesmo tive *A importância do ato de ler* publicado na revista de educação da Universidade de Boston, cujo número estava inteiramente dedicado ao tema e, no momento, estou indo ao Canadá para coordenar um seminário também sobre ele.

A *leitura crítica* implica, para mim, basicamente, que o leitor se assume como sujeito inteligente e desvelador do texto. Nesse sentido, o leitor crítico é aquele que até certo ponto "reescreve" o que lê, "recria" o assunto da leitura em função dos seus próprios critérios. Já o leitor não crítico funciona como uma espécie de instrumento do autor, um repetidor paciente e dócil do que lê. Não há nesse caso uma real apreensão do significado do texto mas uma espécie de justaposição, de colagem, de aderência. Assim, pode-se ter um texto crítico com uma leitura ingênua e um texto ingênuo com uma leitura crítica, que reescreve e supera a ingenuidade do texto. Essa superação só é possível pela leitura crítica, que, como já disse em outros momentos, é aquela que fundamentalmente sabe situar num contexto o que está sendo lido. Uma boa educação crítica estabelece permanentemente esse movimento dinâmico entre a palavra e o mundo e vice-versa.

3. Basta saber ler?

SÉRGIO — Como você disse, o ato de leitura significa uma espécie de reescrita mental do que se lê. E eu acrescentaria que uma educação crítica não pode deixar de complementar esse ato de leitura por um desenvolvimento efetivo do ato de escrever, fundamental para que o movimento dinâmico entre palavra e mundo seja realmente apreendido e registrado pelo próprio indivíduo.

PAULO — Esse círculo do ler-escrever-ler criticamente é uma das tarefas fundamentais da escola.

SÉRGIO — Ora, esse desequilíbrio provocado com o desenvolvimento da leitura em detrimento do polo ativo da escrita, essa não associação é que em geral mantém a velha discriminação entre autores/leitores. O resultado é óbvio: de um lado, como produtores, só uma reduzida elite continua a escrever para, de outro, uma massa enorme de consumidores de leitura, sem possibilidade de acesso ao desenvolvimento da própria competência escrita.

PAULO — A leitura crítica é requisito para esta associação. É ela que, desvelando problemas, fatos, razões de ser etc., cada vez mais permite a nucleação dos textos de leitura. Neste sentido, ela é ato de conhecer não só o texto que se lê, mas também de conhecer através do texto. O ato de escrever realmente é fundamental para o reconhecimento de que esse conhecer duplo a que antes me referi se instalou no processo de leitura crítica. O próprio ato de escrever é uma forma de operação do conhecimento, sistemática e disciplinada. Como defende a Madalena Freire, desde a pré-escola o ato de "escrever", não necessariamente palavras, é fundamental como suporte da leitura crítica.

GADOTTI — A leitura crítica abre a questão do ensino crítico, este vinculado a uma concepção da educação em que o *conteúdo do ensino* não é acabado. Essa consciência crítica do leitor, do professor e do aluno é o verdadeiro motor da continuidade da busca do saber, como você colocou, mas essa consciência não é só adquirida através de leitura. É preciso ler para se conscientizar?

PAULO — É preciso ler o mundo, mas sobretudo, "escrever" ou "reescrever" o mundo, quer dizer, transformá-lo.

GADOTTI — E como você responderia a essa questão sobre onde realmente começa a conscientização?

PAULO — Para mim a conscientização não é propriamente o ponto de partida do engajamento. A conscientização é mais um produto do engajamento. Eu não me conscientizo para lutar. Lutando, me conscientizo.

GADOTTI — Não há um ponto de partida?

PAULO — Exato, pois é lutando que se constituem níveis mais claros de consciência de classe, por exemplo. Esta não é presente de um intelectual que sabe o que é consciência de classe e a doa à classe trabalhadora. Ela se constitui na luta de classe.

Mesmo nos momentos mais ingênuos de *Educação como prática da liberdade* jamais afirmei que devêssemos, primeiro, criar escolas de conscientização para depois, com as massas populares "preparadas", transformar a sociedade. É na experiência de serem exploradas e na prática de arregimentar-se para superar a situação concreta de opressão que as classes populares se conscientizam. Por isso, a mobilização que implica a organização para a luta é fundamental à conscientização, que é algo mais profundo que a pura tomada de consciência, a *prise de conscience* dos franceses. A tomada de consciência, o dar-se conta dos fatos sem deles, porém, alcançar a razão de ser, prescinde da luta.

A conscientização é a tomada de consciência que se aprofunda. Esse aprofundamento é gerado na práxis e a reflexão sobre a própria luta que iniciou o processo de conscientização o intensifica. É um ciclo dinâmico.

SÉRGIO — Se deslocarmos essa questão da conscientização do plano da luta explícita para o plano do aprender a ler e a escrever, como método de alfabetização, a conscientização é um processo fundamental de motivação dos indivíduos. Motivação no sentido de que, enquanto tomada progressiva de consciência da realidade, a conscientização aparece como condição necessária ao domínio da leitura e da escrita da palavra. Aliás, Paulo, como é que você analisa, do ponto de vista de uma psicologia educacional, a *questão da conscientização* e o *processo de motivação?*

PAULO — Acho que tenho uma ligeira diferença quanto a isso. De um modo geral se pensa a motivação como algo fora da prática, como uma espécie de momento preparatório para a prática. Isso para mim é psicologismo. É a própria prática que motiva ou desmotiva, não há esse momento anterior.

Há um outro aspecto que é interessante no que diz respeito à prática. Suponhamos que tivéssemos aqui conosco quinze camponeses ou operários urbanos interessados em discutir a inflação, o problema da educação no país etc., ou seja, interessados em fazer uma leitura do mundo. O contexto prático, nesse caso, seria teórico, e se viabilizaria, por exemplo, através do recurso a amostras do contexto concreto em que se dá a prática social: fotografias, *slides* etc. Concretamente, uma foto da greve dos professores em São Paulo, por exemplo. Identificaríamos em conjunto aquele pedaço da realidade e, no contexto teórico, à distância do realmente ocorrido, poderíamos então discutir a própria greve, de que a foto registra apenas um momento. O que certamente pode acontecer a partir dessa situação que coloquei como hipótese é chegarmos às razões de ser da exploração do trabalho numa sociedade capitalista como a nossa e alcançarmos, assim, um nível mais crítico de apreensão da realidade. Esse é um exemplo de processo de conscientização, que teria se dado aparentemente fora da prática, mas que na verdade se deu nela pois se baseou na análise crítica de uma prática. Acho que é exatamente isso que Gramsci chamaria de exercício de construção de uma contra-hegemonia.

SÉRGIO — Quando associo conscientização e motivação, aliás, tampouco pretendo reduzir o processo de conscientização a um ato preparatório. O que penso, de fato, é que na conscientização os motivos para aprender a ler e a escrever aparecem, quando as próprias pessoas se dão conta da importância desses atos para a sua leitura do mundo.

GADOTTI — Ou seja, a motivação, numa interpretação não psicologista, seria uma momento intimamente ligado à própria reflexão sobre a prática.

PAULO — É a prática conscientizadora que se apresenta como estimuladora do desejo, da necessidade. Não é uma motivação no sentido tradicional dessa palavra.

GADOTTI — A *conscientização*, no meu modo de ver, é um processo, pois ela é também *ingenuidade*, de modo que a etapa atual de conscientização sempre será superada amanhã. Não há uma conscientização pura.

SÉRGIO — O que há são níveis decrescentes de ingenuidade.

GADOTTI — Ninguém é totalmente crítico ou totalmente ingênuo. Se formos tentar buscar uma raiz antropológica para a conscientização, que a meu ver se identifica com o processo de libertação, o que encontramos é que o processo de libertação (ou conscientização histórica) está profundamente enraizado no que se pode chamar de "interesse", na expressão de Habermas. Para ele, o *interesse* é uma categoria antropológica na medida em que o interesse máximo do homem é a preservação da espécie. Segundo Habermas ainda, o motor do conhecimento é o interesse, e todo o processo de leitura do mundo está baseado naquele interesse fundamental: o da preservação da espécie.

PAULO — Ao interesse poderíamos acrescentar a ideia de *necessidade*. A necessidade, que é biológica, inicialmente, também é motor de conhecimento.

SÉRGIO — A evolução biológica do conhecimento, aliás, é o que demonstra Piaget.

GADOTTI — Mas essa necessidade de conhecer é econômica também. Vejamos um exemplo: por que há uma busca do ensino supletivo por parte dos famosos evadidos das primeiras séries do 1º grau? Porque o interesse básico é econômico. Como seria um ensino crítico para esse aluno de curso noturno, que acorda cedo para trabalhar e acompanha as aulas com sono? Como você seria um professor de matemática, suponhamos, para esse tipo de aluno, Sérgio?

SÉRGIO — Eu partiria exatamente desses dados de realidade que você deu para caracterizar os alunos de um curso supletivo. E não partiria desses dados, ou seja, de uma análise que eu tenha feito sobre essas condições para, então, determinar, também sozinho, qual seria a melhor forma de levar adiante um programa de matemática. Discutiria com os próprios alunos os problemas que o afligem e sobre como avançar com eles um aprendizado de matemática relacionado primeiro com sua vida presente. Não me preocuparia em avançar com um programa sem que eles pudessem ir entendendo os *como* e os *porquês*.

GADOTTI — Em outra oportunidade[10] já me referi ao ensino crítico como aquele que tematiza seus pressupostos. O ensino crítico, assim, seria um ensino dialético, no sentido que buscaria as raízes do conhecimento.

PAULO — E que leva em consideração as condições em que ele se dá.

---

10. GADOTTI, Moacir. *Educação e compromisso*. Papirus: Campinas, 1985.

4. Uma herança esquecida

GADOTTI — Nós tratamos até agora da educação baseando-nos principalmente num tripé, em que *educação é ler, escrever e contar*. Mas se remontarmos às origens da própria educação, na antiguidade greco-romana, verificaremos que o ideal de educação não era nem a leitura nem a escrita, mas a *oratória*. A educação na Grécia e em Roma visava basicamente *ensinar a falar*. Por causa da influência do cristianismo baseado no *Livro Sagrado*, na sua interpretação e exegese, alterou-se aquele ideal e se passou a quase cultuar o livro na educação. A leitura crítica e a conscientização opõem-se a esse culto dogmático do livro. Até que ponto, com essa alteração, não se perdeu uma essência, se é que se pode falar em essência em educação, a da formação do orador: aquele homem que sabe falar, gritar e exigir seus direitos e não ficar apenas ouvindo?

É claro que também é preciso *aprender a ouvir*. Nesse sentido, ao invés de um tripé teríamos de fato cinco eixos: *ler, escrever, contar, ouvir e falar*. Educar para ouvir é educar para intervir, para se posicionar. Sempre insistimos que a categoria pedagógica por excelência é a *decisão*. Afinal o que é a conscientização senão levar a decidir-se?

O que hoje se denomina de "opção" no fundo é a nova roupagem para o que a pedagogia tradicional chamava de "educação da vontade" ou "educação do caráter". Essa conquista da pedagogia tradicional praticamente se perdeu. Será que estou ressuscitando conceitos — o de ouvir e de falar — superados pela história da educação? Que sentido teria hoje assumir mais essas tarefas como prioritárias no contexto da educação brasileira?

PAULO — Concordo inteiramente com você. Para mim estas tarefas, decidir, optar etc., são uma exigência da radicalidade democrática.

Não acredito numa política revolucionária que não implique ouvir e falar.

SÉRGIO — Realmente, essa é uma questão sobre a qual se insiste pouco. É comum nas escolas, aliás, precipitar-se a alfabetização, entendida como aprendizado da leitura e da escrita sem se levar em conta o desenvolvimento da oralidade. Ora, a meu ver, o ler e o escrever palavras pressupõem o exercício do ouvir e do falar enquanto formas primeiras da expressão. Quando tentamos desenvolver o domínio da leitura e da escrita sem que as pessoas tenham tido suficientes oportunidades de exercitar-se na compreensão do que ouvem e do que falam, caímos na alfabetização como processo mecânico. Pois bem: se uma criança não é capaz de raciocinar e articular palavras e ideias oralmente, como poderá formulá-las em sua expressão escrita?

Agora, se considerarmos, nessa ordem, os dois níveis da expressão verbal, o oral e o escrito — cada um com seus dois polos: ouvir/falar, ler/escrever — o que geralmente ocorre na prática de sala de aula é um desequilíbrio nítido a favor dos polos predominantemente receptivos (ouvir, ler), em prejuízo do falar e do escrever, polos eminentemente produtivos.

Pensando bem: ao se trabalhar dessa maneira com a capacidade de expressão dos alunos, será que não se está, no fundo, negando a possibilidade de um desenvolvimento dialético — com o perdão da palavra — das relações entre o ser ouvinte/ser falante, e entre o ser leitor/ser escritor? Por que diabos se desenvolve mais facilmente a capacidade de escuta e não se tolera a fala como expressão da maioria? Por que razões o indivíduo que devora páginas e páginas hesita tanto diante de uma folha de papel em branco? Será por acaso?

GADOTTI — Isso tem seus fundamentos políticos. Se a fala foi tirada do currículo é porque falar, numa sociedade silenciosa como é a sociedade opressiva, é um ato de subversão. A educação para a fala, para a formação do orador (no sentido daquele que defende seus direitos), seria um suicídio para a sociedade opressiva. *Ensinar a falar*, ensinar o povo a gritar hoje, certamente não é só uma tarefa da escola, mas também uma tarefa pedagógica dos partidos políticos, dos sindicatos e da sociedade civil de modo geral. Porque, afinal, a *educação política* se dá muito mais fora da escola do que dentro dela. Na verdade, o povo encontra outros instrumentos para desenvolver a oralidade que lhe é negada na escola. E o partido político é um deles.

SÉRGIO — Além de ensinar o povo a gritar eu destacaria também a necessidade de os educadores aprenderem a gritar com o povo, no sentido de reivindicar seus direitos. Isso porque se no povo há os que não dispõem ainda dessa capacidade, há outros que já a têm, sem ter passado pela escola.

GADOTTI — Exatamente, aprender não só a participar do *grito do povo* mas a aprender do grito desse povo. A verdadeira abertura da escola para a comunidade no sentido de ouvir e deixar falar implica que ela seja ensinada também a ouvir e a falar.

5. "A gente nasce gritando..."

SÉRGIO — O exercício da fala, a meu ver, deveria preceder o uso do grito. É lógico que, após falar e não ser ouvido, o grito acaba sendo a única forma de mover e comover.

PAULO — Se o povo brasileiro, se as classes populares têm sido proibidas de falar, se a experiência histórica desse país é a do silêncio dessas classes, acho que é exatamente "gritando" que elas vão obter o direito de falar.

GADOTTI — Não é preciso um primeiro estágio para tomar fôlego...

PAULO — Lógico que não, tem mais é que começar gritando mesmo. Aliás o silêncio realmente tem sido imposto às classes populares, mas elas não têm ficado silenciosas. A história oficial é que destaca esse silêncio sob a forma de docilidade, mas os movimentos de rebeldia, que constituem a história escondida desse país, têm sido agora revelados por historiadores com sensibilidade em relação às massas populares. Insisto, assim, que é preciso aprender com o povo a gritar e introduzir essa forma de gritar na educação sistemática. De qualquer forma, o ser humano sempre grita primeiro para depois falar. A gente nasce gritando.

GADOTTI — O caso recente dos grandes comícios das Diretas nos dá exemplo de um grito...

PAULO — De um grito organizado.

GADOTTI — E não só um grito, mas um grito de guerra, de unidade do país. Nos grandes comícios a que assisti, pelo menos os dois grandes de São Paulo, o Hino Nacional não era propriamente cantado, mas gritado. Na campanha das Diretas o que houve foi o grito mesmo, mais do que o canto e mais do que a voz do povo.

PAULO — Há um momento em que, como expressão política, o grito pode representar uma etapa da consciência política das massas que se poderia chamar de momento de rebeldia ou de rebelião. O que é fundamental é que esse momento se converta em momento de revolução. A revolução supera a rebeldia. O grito pode ser preponderantemente rebelde, mas a observação do Gadotti agora coincidiu com a minha: essas últimas manifestações políticas de que a gente tem participado mostram como o grito começou a deixar de ser pura rebeldia e passou a ser uma forte e inabalável convicção. O grito se criticizou. E você está certo em dizer que o povo não cantou e sim gritou o Hino Nacional. Este é realmente um momento novo na história política do Brasil. O importante historicamente para nós é saber se esse grito que se criticiza hoje na sociedade brasileira é capaz realmente de encarnar o direito da fala do povo: se de grito em grito seremos capazes ou não, e creio que seremos, de reconstruir a sociedade brasileira, para que então as grandes massas desse país, sempre silenciadas e apenas rompendo esse silêncio imposto através de gritos de rebeldia, sejam livres.

GADOTTI — Paulo, historicamente o grito do povo tem sido sempre ordeiro?...

PAULO — Ah, não...

GADOTTI — ... organizado, como esse grito recente do povo brasileiro? Como é que você vê, por exemplo, o caso da Nicarágua?

PAULO — O caso da Nicarágua foi um grito que talvez até esteja acima do nosso. Foi um grito que, pelas circunstâncias históricas, ultrapassou os limites do poder e resultou no direito da fala do povo nicaraguense. Um povo antes oprimido, esfomeado, ofendido, humilhado pela horripilante ditadura de Somoza contra a qual aliás jamais se disse que não era democrática. O grito silenciou o poder antigo e outorgou voz às massas antes silenciadas. E espero que novos gritos se deem dentro da América Central. Sou um entusiasta do grito nicaraguense.

GADOTTI — Uma *educação revolucionária* seria então aquela que ensinasse a gritar?

6. Pedagogia: diálogo e conflito

PAULO — É uma educação que tem a ver com a palavra escrita e falada, que tem a ver com o ouvir e com o falar. Não há dúvida alguma de que também tem a ver com a luta. Há uma educação revolucionária antes e outra depois que a revolução se instala. Antes ela não pode ser feita pelo poder que silencia, mas somente dentro dos movimentos sociais populares, dentro dos sindicatos, dentro dos partidos populares não populistas. E através de educadores que façam a sua conversão, o seu suicídio de classe, os pedagogos trânsfugas. Quando o grito se encarna no poder então a educação revolucionária toma outra dimensão, pois o que foi educação contestadora passa a ser agora educação sistematizada: trata-se então de recriar, de ajudar na reinvenção da sociedade. Na fase anterior ela ajudava o grito para a derrubada de um poder hostil às massas, com alas no poder a educação passa a ser um instrumento extraordinário de ajuda para a construção da sociedade nova, para a criação do homem novo.

E continua sendo uma *Pedagogia do Conflito*, no meu entender. Aliás nas minhas andanças, e isso deve ocorrer com você, há quem pergunte se você, com a *Pedagogia do Conflito*, não estaria manhosamente se opondo a mim com a *Pedagogia do Oprimido*, do diálogo. E sempre digo que em Moacir Gadotti não há manha nenhuma, porque mesmo que você se opusesse não ia ser manhoso, ia se opor e pronto, o que não é o caso. Acho inclusive muito legítimo que você tenha procurado superar ingenuidades minhas. Mas sempre digo que não há contradição nenhuma entre o diálogo que eu proponho e a Pedagogia do Conflito que Gadotti defende. No fundo a *Pedagogia do Conflito* é dialógica, assim como o diálogo se insere no conflito. Por que isso? Porque não é possível diálogo entre antagônicos. Entre estes, o que há é o conflito.

Mas a Pedagogia do Conflito não pode prescindir do diálogo, do diálogo entre os iguais e os diferentes que participam da luta, ou do grito, para botar abaixo o poder que nega a palavra. Ora, qual é o espírito fundamental da Pedagogia do Conflito senão este! E este é o espírito da concepção que tenho de diálogo também.

Na *Pedagogia do Oprimido* digo que o diálogo só se dá entre iguais e diferentes, nunca entre antagônicos. No máximo pode haver um pacto. Em determinado momento a classe dominada aceita um pacto com a dominante, mas passada a situação que gerou a necessidade do pacto o conflito se reacende. É isso que a dialética ensina. Não sei se você concorda com o que eu disse, mas é assim que vejo o esforço formidável da sua reflexão pedagógica e dialética. Não vejo nenhuma contradição entre o que venho dizendo e o que você diz.

GADOTTI — Concordo inteiramente com a sua análise. Só gostaria de acrescentar que a sua *Pedagogia do Oprimido*, publicada há catorze anos e já traduzida em dezessete línguas, vem exercendo, não só no Brasil mas em numerosos países, uma profunda influência na teoria e na prática educativa. Hoje, a partir dos caminhos que você abriu e está abrindo com estudo, pesquisa e ação pedagógica, consolidou-se uma concepção da educação, que tenho chamado de "concepção dialética" e que outros chamam de "concepção popular", uma educação comprometida com a libertação, uma educação vinculada organicamente com uma classe, aquela na qual você está, ao lado de numerosos educadores: a *classe trabalhadora*.

SÉRGIO — Parece que terminamos o livro, não?

Itanhaém (SP), 2 a 4 de junho de 1984 (gravação)

São Paulo, 1º de junho de 1985 (fim da revisão)

REFERÊNCIAS ■

ALTHUSSER, Louis. *Ideologia e aparelhos ideológicos de Estado*. Lisboa: Presença, s/d.

BACHELARD, Gaston. *Filosofia do novo espírito científico*. Lisboa: Presença, 1972.

BAUDELOT, C.; ESTABLET, R. *L'école capitalista en France*. Paris: Maspero, 1971.

BOURDIEU, Pierre; PASSERON, J. C. *A reprodução*. Rio de Janeiro: Francisco Alves, 1975.

BOWLES, Samuel; GINTIS, H. *Schooling in capitalist America*. Nova Iorque: Basic Books, 1976.

BRANDÃO, Carlos Rodrigues. *O que é o método Paulo Freire*. São Paulo: Brasiliense, 1981.

_____. *Lições da Nicarágua*. Campinas: Papirus, 1984.

_____. *O que é educação*. São Paulo: Brasiliense, 1981.

_____. *Saber e ensinar*. Campinas: Papirus, 1985.

BRAVERMAN, Harry. *Trabalho e capital monopolista*: a degradação do trabalho no século XX. São Paulo: Zahar, 1977.

CABRAL, Amílcar. *Obras escolhidas de Amílcar Cabral*. Lisboa: Seara Nova, 1977. v. 1: A arma da teoria (unidade e luta); v. 2: A prática revolucionária (unidade e luta).

CAVALCANTI, Pedro Celso Uchoa; PICCONE, Paolo. *Convite à leitura de Gramsci*. Rio de Janeiro: Achiamé, 1976.

CHAUÍ, Marilena. *O que é ideologia*. São Paulo: Brasiliense, 1981.

DOMMANGET, Maurice. *Los grandes socialistas y la educación*: de Platon a Lenin. Madri: Fragua, 1972.

FAVRE, Pierre e Monique. *Los marxismos después de Marx*. Barcelona: Redondo, 1971.

FAZENDA, Ivani Catarina Arantes. *Educação no Brasil anos 60*: o pacto do silêncio. São Paulo: Loyola, 1985.

GIROUX, Henry. *Pedagogia radical*: subsídios. São Paulo: Cortez/Autores Associados, 1983.

_____. *Theory & resistence in education*: a pedagogy for the opposition. South Hadley: Bergin & Garvey, 1983.

GRAMSCI, Antônio. *A concepção dialética da história*. Rio de Janeiro: Civilização Brasileira, 1968.

_____. *Os intelectuais e a organização da cultura*. Rio de Janeiro: Civilização Brasileira, 1968.

HABERMAS, Jürgen. *La téchnique et la science comme "idéologie"*. Paris: Gallimard, 1976.

IDAC. *Vivendo e aprendendo*. São Paulo: Brasiliense, 1980.

JACOBY, Russel. *Dialetic of defeat*: contours of western Marxism. Cambridge: University Press, 1981.

JARA, Oscar. *Concepção dialética da educação popular*. São Paulo: CEPIS, 1985.

LIBÂNEO, José Carlos. *Democratização da escola pública*: a pedagogia crítico-social dos conteúdos. São Paulo: Loyola, 1985.

LÖWY, Michael. *Método dialético e teoria política*. Rio de Janeiro: Paz e Terra, 1978.

LUXEMBURGO, Rosa. *Oeuvres* (v. 1: Réforme sociale ou révolution? Grève de masse, parti et syndicats).

MARTINS, Maria Anita Viviani. *O professor como agente político*. São Paulo: Loyola, 1984.

MARX, Karl. *O capital*. Rio de Janeiro: Civilização Brasileira, 1980.

_____. *Miséria da filosofia*. México: Grijalbo, 1976.

_____. *A ideologia alemã*. México: Grijalbo, 1977.

_____. *Obras escolhidas*. São Paulo: Alfa-ômega, 1977.

_____; ENGELS, Freidrich. *La sagrada familia y otros escritos*. México: Grijalbo, 1962.

NICOL, Eduardo. *Los principios de la ciencia*. México: Fondo de Cultura Económica, 1965.

POULANTZAS, Nicos. *As classes sociais no capitalismo de hoje*. Rio de Janeiro: Zahar, 1978.

REICH, Wilhelm. *O que é consciência de classe?* Porto: H. A. Carneiro, 1976.

SANDER, Benno. *Consenso e conflito*: perspectivas analíticas na pedagogia e na administração da educação. São Paulo: Pioneira, 1984.

SAVIANI, Dermeval. *Escola e democracia*. São Paulo: Cortez/Autores Associados, 1983.

SCHMIED-KOWARZIK, Wolfdietrich. *Pedagogia dialética*: de Aristóteles a Paulo Freire. São Paulo: Brasiliense, 1983.

SNYDERS, Georges. *Escola, classe e luta de classes*. Lisboa: Moraes, 1977.

_____. *Para onde vão as pedagogias não diretivas?* Lisboa: Moraes, 1974.

SUCHODOLSKI, Bogdan. *Teoria marxista de la educación*. México: Grijalbo, 1966.

TEIXEIRA, Anísio. *Educação não é privilégio*. 4. ed. São Paulo: Melhoramentos, 1977.

THIOLLENT Michel. *Metodologia da pesquisa-ação*. São Paulo: Cortez/ Autores Associados, 1985.

TRAGTEMBERG, Maurício. *Sobre educação, política e sindicalismo*. São Paulo: Cortez/Autores Associados, 1982.

WEFFORT, Francisco. *Por que democracia?* São Paulo: Brasiliense, 1984.

PRINCIPAIS OBRAS DOS AUTORES

FREIRE, Paulo. *A educação como prática da liberdade*. Rio de Janeiro: Paz e Terra, 1867.

_____. *Pedagogia do oprimido*. Rio de Janeiro: Paz e Terra, 1970.

_____. *Extensão ou comunicação?* Rio de Janeiro: Paz e Terra, 1975.

_____. *Ação cultural para a liberdade e outros escritos*. Rio de Janeiro: Paz e Terra, 1976.

_____. *Cartas à Guiné-Bissau*. Rio de Janeiro: Paz e Terra, 1978.

_____. *Educação e mudança*. Rio de Janeiro: Paz e Terra, 1979.

_____. *A importância do ato de ler em três artigos que se completam*. São Paulo: Cortez/Autores Associados, 1982.

_____; GUIMARAES, Sérgio. *Sobre educação*: diálogos. Rio de Janeiro: Paz e Terra, 1984. v. I, 3. ed. v. II, 1. ed.

_____; FAUNDEZ, Antônio. *Por uma pedagogia da pergunta*. Rio de Janeiro: Paz e Terra, 1985.

_____; BETTO, Frei. *E esta escola da vida*. São Paulo: Ática, 1985.

GADOTTI, Moacir. *Comunicação docente*. São Paulo, Loyola, 1975.

_____. *A educação contra a educação*. Rio de Janeiro: Paz e Terra, 1981.

_____. *Educação e poder*: Introdução à pedagogia do conflito. São Paulo: Cortez/Autores Associados, 1980.

GADOTTI, Moacir. *Concepção dialética da educação*. São Paulo: Cortez/ Autores Associados, 1983.

_____. *Dialética do amor paterno*. São Paulo: Cortez/Autores Associados. 1985.

_____. *Educação e compromisso*. Campinas: Papirus, 1985.

Impressão e Acabamento:

EXPRESSÃO & ARTE
EDITORA E GRÁFICA

Fones: (11) 3951-5240 | 3951-5188
E-mail: atendimento@expressaoearte.com
www.graficaexpressaoearte.com.br